PEOPLE BEFORE TECH

高效能
杠　杆

数字化时代的
心理安全与团队协作

［罗马尼亚］
杜娜·布洛姆斯特伦 著
（Duena Blomstrom）

赵子明 译

中国原子能出版社　中国科学技术出版社
·北 京·

People Before Tech:The Importance of Psychological Safety and Teamwork in the Digital Age by Duena Blomstrom, ISBN: 978-1-4729-8545-3
Copyright © Duena Blomstrom, 2021
This translation of People Before Tech is published by arrangement with Bloomsbury Publishing Plc.
Simplified Chinese translation copyright © 2024 by China Science and Technology Press Co., Ltd. and China Atomic Energy Publishing & Media Company Limited.
All rights reserved.
北京市版权局著作权合同登记　图字：01-2023-4509。

图书在版编目（CIP）数据

高效能杠杆：数字化时代的心理安全与团队协作 /（罗）杜娜·布洛姆斯特伦（Duena Blomstrom）著；赵子明译 . —北京：中国原子能出版社：中国科学技术出版社，2024.3

书名原文：People Before Tech：The Importance of Psychological Safety and Teamwork in the Digital Age

ISBN 978-7-5221-3162-7

Ⅰ . ①高… Ⅱ . ①杜… ②赵… Ⅲ . ①企业管理—团队管理 Ⅳ . ① F272.9

中国国家版本馆 CIP 数据核字（2023）第 234008 号

策划编辑	杜凡如　王秀艳	责任编辑	马世玉　陈　喆
封面设计	仙境设计	版式设计	蚂蚁设计
责任校对	冯莲凤　焦　宁	责任印制	赵　明　李晓霖

出　　版	中国原子能出版社　中国科学技术出版社
发　　行	中国原子能出版社　中国科学技术出版社有限公司发行部
地　　址	北京市海淀区中关村南大街 16 号
邮　　编	100081
发行电话	010-62173865
传　　真	010-62173081
网　　址	http://www.cspbooks.com.cn

开　　本	710mm×1000mm　1/16
字　　数	200 千字
印　　张	15.25
版　　次	2024 年 3 月第 1 版
印　　次	2024 年 3 月第 1 次印刷
印　　刷	北京盛通印刷股份有限公司
书　　号	ISBN 978-7-5221-3162-7
定　　价	69.00 元

（凡购买本社图书，如有缺页、倒页、脱页者，本社发行部负责调换）

艾米·埃德蒙森教授的序言

我很高兴为杜娜·布洛姆斯特伦的这本精彩的新书写序。在过去的一年多时间里，我与杜娜多次交谈并分享想法，共同探讨企业中的团队合作面临的挑战，并为找到解决方案而不断交流。因此，我对杜娜本人与她的作品非常了解。在那些跨越海洋且富有成果的对话中，杜娜对心理安全概念的细致把握以及她对心理安全在当今企业中的重大意义的理解都令我十分钦佩。更重要的是，在我被她的热情感染的同时，她提出的很多改变现状的方法也让我收获颇多。

我非常佩服杜娜的工作效率（这本书在我看来是以惊人的速度完成的）以及她的自信。在媒体中，关于心理安全的对话已相当活跃。尽管如此，她仍然能为这一领域做出新的贡献。她的贡献就是这本既引人入胜又非常实用的书，在这本书中你能找到很多富有洞见的例子以及切实可行的工具。杜娜用流畅的语言清晰地描述了人类努力在职场中为了更好地表现自己所面临的心理挑战，与此同时，她本人也在技术和设计工具方面努力提供帮助。

本书可以作为各类企业领导者和管理者的参考来源。虽然商业文化很容易将心理安全视为"软"的东西，或者是"可有可无"的东西（如果你能负担得起的话），杜娜解释了在这个充满波动性（volatility）、不确定性（uncertainty）、复杂性（complexity）和模糊性

（ambiguity）的 VUCA 时代，心理安全实际上是职能型企业发展的重要影响因素。心理安全是"硬"的，因为它涉及了我们的自我保护本能。如今所有的工作都需要知识而且不可避免地需要合作，因此，心理安全非常必要。

你们可能会发现自己常常在抱怨：开会是浪费时间的事，团队是好点子消失的地方。然而，我们在获得想法、洞察等方面越来越彼此依赖的事实，却令人不知所措。这就是为什么如今企业的成功与否取决于员工是否愿意畅所欲言。畅所欲言的意愿又基于心理安全的建设，如果心理安全缺失，那么一些基础的有效协作、创新，甚至有效的风险管理都会变得罕见。在一个技术复杂的社会中，无论做任何工作，都需要信息的输入以及熟练地处理各领域的信息。缺少了心理安全，工作就会难以开展。

随着世界变得更加复杂，文化更加多元化，这些问题逐渐凸显。与此同时，多样性已成为企业发展中的突出特征。鼓励来自不同背景的人发表见解并加以整合，从而产生新的理解和创造性的解决方案，也离不开心理安全。

本书的关键词是人与技术——当然杜娜的"人非技术"的说法也是极具启发性的。在书中，她耐心地解释了技术如何影响了人们的生活以及企业的方方面面，并且主张我们作为人应该被重视，而不是在快速的数字发展进程中以及技术改革带来的各种变化中，逐渐被遗忘。

通过倡导"让员工快乐，工作才能高效"，杜娜的这本书致力于改变我们的生活。对一些人来说，以上说法似乎相互矛盾。他们认为，"快乐"与"高效"似乎难以共存，前者意味着以轻松的节奏做你自己想做的事，而后者则需要埋头苦干才能实现，况且在忍受了一天的辛苦工作后，人们应该去别的地方寻找快乐。然而，在知识经济时代，人们高度依赖创意与协作去完成那些极具挑战、相互依存、标新立异的工作。那么只有在我们对自己的状态、产出目标，以及与他人的合作方式感到舒适的时候，工作才能富有成效。快乐来自有意义的投入，而不是逃避工作。在一个心理安全的环境里，深度投入才能达到最佳状态。

有关心理安全的内容都在这本书里，希望你能学得愉快！

艾米·埃德蒙森（Amy Edmondson）

前言

"人力负债"(Human Debt)是我在写第一本书《情感银行》(*Emotional Banking*)时创造的一个术语,与它相对的是信息技术方面的术语"技术债务"(tech debt)——指的是在编写代码或构建系统过程中一些错误的方向、失误的决定或被忽视了的某些过失,最终不得不需要解决和清理,否则系统将会不可挽回地崩溃。那么人力负债就是指在职场中,由于对情商、人际关系和团队合作的忽视、降级和回避,与技术债务一样,会产生极大的危害。于是,我决定想办法"做点什么"。为了推动这项工作,我不得不先问自己"为什么"。

对我而言,这是一个简单而普通的目标:根除人力负债。得益于新技术的创新,这个目标远没有看起来那样高不可攀。我们的目的并不是对某些企业指指点点并让它们采取一刀切式的改革。因为卓越可以体现在不同人的身上,从人力资源部门的勇士到敏捷的超级英雄,他们是真正的改革先锋。

有时,我们忽视了员工——将他们的幸福放在第二位。我们只是虚情假意地对他们表示尊重,几乎没有考虑过他们的福祉。我们只对相关的术语,如"员工满意度""敬业度""士气""热情""目标""协作"和"团队建设"等,拿起又放下,重视又遗忘。我们烦琐的流程令员工恐惧和疲倦,经常处于努力生存的模式。在这样的模式下,他们极度紧张、疲惫、害怕、缺乏动力,心理健康急剧下降,可是我们却虚伪地表示这些都不关我们的事。我们把员工当作企业发展的资源，却不真正地付出同理心。比起情商，我们更看重智商。我们既不会把员工放在首要的地位也不重视他们，这是当代的悲剧。人力负债的账单已经摆在了当今大多数企业的面前，那些无法通过投入人际关系实践来立即偿还负债的公司将会眼睁睁地看着核心员工的流失，公司经营遭遇困难，然后不得不花费更多的时间和资源应对不断攀升的离职率。

在这本书中，我将说明为什么心理安全是我们需要的唯一的高效能杠杆，而团队是我们必须关注的唯一组织单位。我也会证明那些为了构建一个完美企业所使用的框架和方法，以及空洞的修辞为什么有百害而无一利，我们不应为此继续浪费时间。然而，如果我们以合适的方式获得了心理安全，就会使高效能的员工获得满足和情绪上的平衡。很多企业正在改变提前制订详细的长期计划的方式，而使用更松散定义的发展路线图，并通过制订小规模增量的方式形成指导性的测量标准和指标，帮助企业专注于定期内省和持续改进，更快地产生期待的结果——这就是所谓的"敏捷"。我希望最终能够使用这些敏捷的关键绩效指标最终能被用来证明我的观点。我认为这是敏捷最伟大的使命：超越快速的交付结果。如果你把注意力转移到人身上，可能会收获的成果，会通过人性化的程度来证明。这就是我的理由。

我的理由听起来好像很多，其实并没有。它们可归结为一种简单而必要的方法。我也把这个方法分享给了我的团队。我们知道自己十分幸运。对和我共同创立 PeopleNotTech（人非技术）公司的所有合作伙伴们来说，这个方法非常明确。我们不需要强化使命感的动员演讲，也不用花时间来反复强调未来的愿景："通过让员工快乐和工作高效，改变我们的生活。"这个目标听起来是多么宏大和深刻，足以让我们每天自觉地从起床时就准备好在一天的工作中大干一场了。当然了，对在其他公司的员工来说，找到这个方法并非易事。假如你是团队的管理者，一定要帮助成员们找到它；如果你不是，哪怕是自己管理自己，也需要找到这个方法。

我们公司的名字本身具有争议性。有一天，当我们正在为了融合日常研究和工作而设计一个软件解决方案时，有人称它为"人非技术"，这令所有人眼前一亮，这就是我们选择这个名字的原因。这听起来似乎是一个悖论，我们更愿意利用每次机会对其进行探索和讨论，因为这包含着问题的关键——我们通过技术的应用实现职场中的化学作用，设计并强化完美的团队，使出浑身解数充分发挥技术的魔力，并坚定地相信如果不使用任何软件去助力人际关系实践，那么大规模的改革永远不会实现，但这些依然与技术无关，而与人密切相关。"人非技术"使我们每天都诚实地面对这一问题。

当我们幸运地发现并确定这一理念已在企业层面产生效果且实现了大规模的变革时，我们还要继续延伸到团队层面。没有任何其他杠杆可以像团队整体的安全感那样与他们的工作表现密切相关。可悲的是，对那些追求快速而稳妥方案的人来说，当他们期待这个方案可以确保员工在投入新的工作方式也能高效工作时，我没有任何其他方法可以推荐。为员工提供更高的工资、职权或津贴，确实不失为一个好用的方法，但远不如为他们营造一个感觉自己被倾听、被支持、能自由发展的工作环境更加有效。

让我们面对现实吧，为了企业的利益是一个太过浮夸的目标。没有人早上醒来去工作的动力仅仅是确保更多的终端客户去使用他们的产品或服务。对大部分人来说，哪怕目标是团队的利益也显得过于空洞。过去，企业领导者被烦琐的事务缠身，除了偶尔在酒桌上表达同情，他们没有为员工的利益做任何事，他们发现很难实现自己所期待的变革。公司各级别中的大部分人确实期待变革，并不会嘲笑它只是内心深处的一个无用的想法。

我不相信那些单纯以提高道德标准的名义形成的商业概念。因为至少应该有一部分动机需要具有商业性质，即企业需要立即看到相关的价值。

在心理安全这一概念出现之前，尽管众多学者和专家已经证明了心理安全对降低人员流动率的正面影响，以及对提升员工满意度的实际绩效指标的积极作用，但是让员工保持快乐的话题仍被看作"在工作完成后，如果还有时间和预算，可以考虑"的事情。

对心理安全最普遍的定义是1990年卡恩（Kahn）提出的："能够在个人层面上展示自我和发挥个人能力，而不担心自我形象、地位或职业上的负面影响。"但在艾米·埃德蒙森教授的研究中，它已经发展成一个与群体活力有关的可靠定义，她称其为"一种共同的信念，即相信团队在人际风险方面是安全的"。

我们把拥有心理安全的团队定义为"像家人一样共同克服困难的团队，是一个他们感觉可以共同创造魔法的地方——他们开放、勇敢、灵活、畅所欲言、共同学习、无所畏惧，在他们的团队气泡（team bubble）里享受快乐，同时对团队出色的表现有强烈的集体成就感"。

尽管任何人在读到这些概念时都会感觉自己与其密切相关，可是商业领域对心理安全一直置若罔闻。直到谷歌公司进行了关于构建高效能团队所需要的各种因素的研究，并将心理安全作为首要因素，这个概念才再次受到关注并得以广泛推广。该研究名为"亚里士多德项目"（Project Aristotle），我们将在接下来的章节中谈到。

当谈到人力负债时，心理安全则改变了游戏规则——它第一次与生产力有如此明确的联系。顺便说一句，在这里，心理安全代表着员工在工作中感到幸福的同时工作效率随之提升，这种状态对公司业务发展极为有利。

说到所谓的幸福感——当它涉及心理安全时，就不是一个目标，而是一个幸运的意外收获。从某种意义上说，心理安全并不是一种有意提升幸福感的方法，相反，它是努力去完成的目标，这样人们才能袒露弱点，继而变得勇敢、灵活，再变得有弹性、开放，最后人们才能紧密地团结起来。

拥有心理安全的团队是幸福的，比起其他的团队更快乐。更重要的是，他们在工作中更智慧，速度更快。在谷歌、亚马逊和其他一些公司，都有一个关于心理安全的数字。这个数字不仅仅代表员工幸福指数（尽管这个指数也确实存在），而且还是一个具体的测量指标和与心理安全的最低相关度。这个数字并不公开，在某些情况下，甚至连员工都不知道。但是它确实存在。令人惊喜的是，与传统的业务关键绩效指标相比，这个数字能够更加全面地为企业的行动和决策提供参考。这就是为什么拥有心理安全的团队表现出色；这就是为什么它们能够运用技术对消费者的需求做出快速反应，并建立"黏性"体验；这就是为什么它们拥有令人羡慕的"文化"。

这是成功的秘诀。

几年前，当我第一次听到"心理安全"这个概念时，并不知道它是什么意思。当时，一想到这可能是某个组织打着"为了员工利益"旗号提出的空洞概念，我就感到不寒而栗。它让人立即联想到不惜一切代价获得强制性工作保障的例子，比如有些公司挽留员工的方式比较极端，其与当地工会的权力相结合，形成一种员工的绩效和努力都毫无意义的环境。

许多人可能一开始就会怀疑"团队是家人"以及"团队在拥有心理安全时能够创造奇迹"的理念，我们必须帮助他们克服对"这是空洞的人性话题"的预设反应。如果有些人把心理安全理解成自动的工作保障，那么更多的人仍然会认为它与为了保持员工的心理健康进行的聊天活动属于同一范畴。如今，谢天谢地，心理健康的话题已经提上议程，所以心理安全很自然会与其产生联系。

还有一些人会告诉我们，他们听说过谷歌的成功秘诀，归根结底就是对队友的信任。事实是，就人类所能体验的健康环境而言，以上提及的所有概念之间当然都存在联系，但这些都不算真正的定义，一旦我们理解了心理安全与数字精英公司的高效能团队的联系，这个概念就变得复杂得多，而且更具商业价值。这也使得心理安全这个概念更加重要和站得住脚。

这里还有一个不容忽视的因果关系：新的工作方式，表面上是为了展示技术的速度优势，但实际上是为了展现拥有快乐员工的明显优势。不得不承认，有人认为出现了不正常的现象，即被称为首席技术官（CTO）或首席信息官（CIO）的技术专家们，会比公司的人力资源总监（HR）和首席执行官（CEO）更适合为自己的成员找到适合的方法构建真正的团队。只要他们不再把心理安全当成空洞的概念，而开始用数字展示它的优势，无论结论如何，其实都并不重要。

人们常说金钱买不到幸福，但以你的员工为例，通过增加他们在团队中的心理安全感而减少人力负债，那么每一个员工的韧性和幸福感不仅会直接增加企业收入，还能保证企业的持续成功。心理安全是一个有关于团队活力的概念。团队是不可以转让的。畅所欲言是我们成长、创新、创造所需要的积极行为，与之相反，印象管理则代表了恐惧的集合。最终，像谷歌和其他数字精英公司一样，通过以情商和心理安全为中心的人际关系实践，你的公司可以从本质上成为真正的敏捷组织，并能够减少人力负债，增加获胜机会。

目录
CONTENTS

001

第一章
今日工作与未来工作

029

第二章
程序与人——敏捷、工作方式与思维方式

071

第三章
团队与探寻高效能之路

095

第四章
心理安全——高效能的唯一杠杆

139

第五章
用数字体现心理安全和情商

高效能
杠杆

数字化时代
的心理安全
与团队协作

169

第六章
软技能是块硬骨头

191

第七章
后疫情时代下的职场——
接下来会发生什么？

223

附录

227

致谢

第一章

今日工作与未来工作

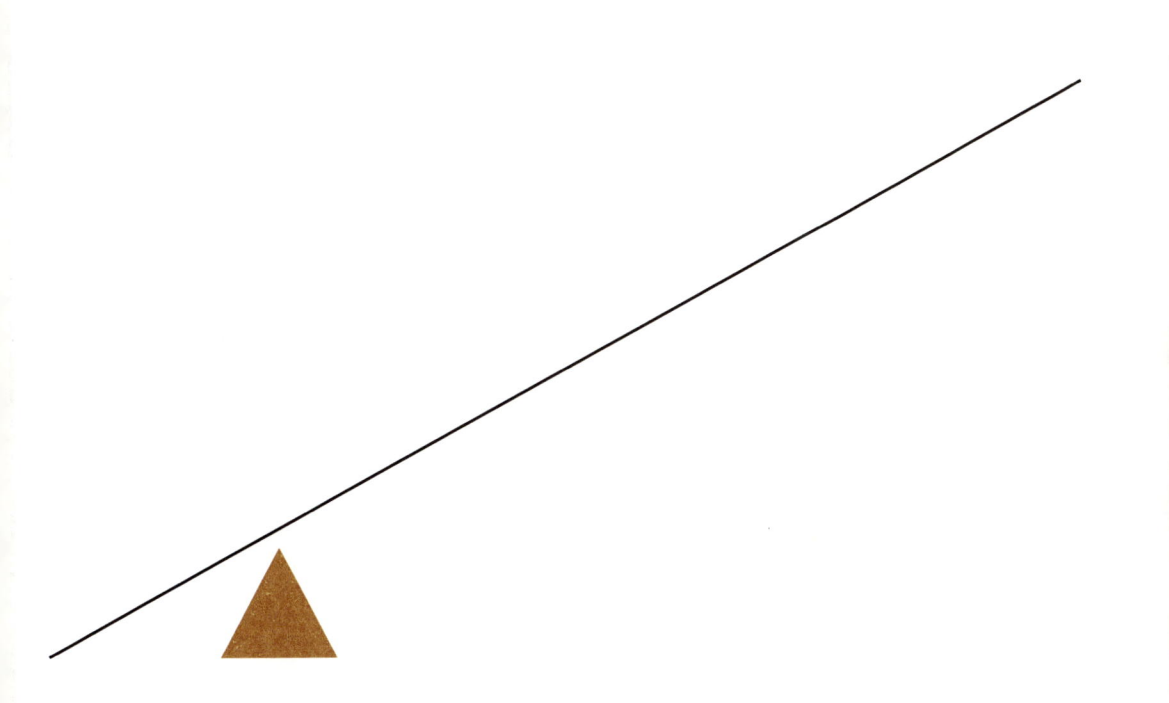

VUCA 时代，数字颠覆和科技速度

信息时代已经改变了一切。科技早在人类还没来得及分析局面之前，就已经深入地影响了我们的生活方式。

如今，人们的生活几乎离不开科技，离了它，人们可能会寸步难行。在过去的三四十年里，人们从社交活动到私人生活，再到工作方式，一切都发生了翻天覆地的变化，尤其近十几年来，科技带来的变化正在加速显现。为了有效地适应新形势，我们有必要花些时间弄清楚这对职场中的交际方式意味着什么。

如今，无论你在哪个行业，工作中的每个方面都已被数字包围着，这是不可逆转的趋势。每星期都有一项新技术问世，随之带来了新产品、新功能的持续升级和更新换代。结果是消费者受益于数字化带来的便利，期待值随之高涨。当他们逐步了解到科技带来的可能性，便理所当然地认为他们可以要求得更多，于是他们对更"新"、更"先进"产品的需求持续上升。

当应用程序首次出现时，它们是华而不实的。多数应用程序被设计出来只是为了娱乐，而并非必需品。消费者对其几乎没有任何期待值。随着智能手机的普及，人们与科技的联动方式悄然发生了改变，特别是手机中的应用程序已与大众的日常生活息息相关。如今，人们无论做什么事情都离不开数字科技，通过智能手机和互联网，很多事情得以在线上完成。对大多数人来说，完全脱离网络和科技的生活是无法想象的。

在市场竞争的驱动下，技术高速进步。随着创新加速，消费者

的期待值也提升了。在"由消费者提出需求—等待商家生产—最后被消费"的模式里，科技的高速发展无疑改变了一切原有的节奏。充满变化的环境，催生了 VUCA 这一新词的出现。VUCA 代表波动性（volatility）、不确定性（uncertainty）、复杂性（complexity）和模糊性（ambiguity），它完美定义了新时代的特点。事实上，如果你本人在科技领域工作，你会比任何人都清楚，VUCA 就代表了新常态，妄想回到过去那种清晰而稳定的环境是徒劳的。

仅在几年的时间里，我们的工作环境就从打字机、文件堆一下子变成每天被电子字节和线上会议所包围。对大多数职场人士来说，这是一个严峻的转型过程。因为，这不仅意味着工作内容的变化，更重要的是思维观念的转变。努力应对工作方式不断变化的节奏已实属不易，而未来面临的不确定性和加速发展则令我们的工作难上加难。

如今，我们根本无法赶超这个世界发展的速度——一家航空公司需要 68 年才积累到 5000 万名顾客，而脸书（Facebook）[1]只用了三年就吸引了 5000 万名注册用户。

在《超快：速度领先》（*Superfast: Lead at Speed*）一书中，索菲·德文郡（Sophie Devonshire）用很多生动的实例向读者们展示了当今世界变化的速度。例如，书中介绍了谷歌公司的发展历程和持续的紧迫感。例如，谷歌欧洲、中东及非洲（EMEA：Europe, the Middle East and Africa）项目的总裁马特·布里庭（Matt Brittin）批准了一项在加利福尼亚州总部之外进行的具有划时代意义和开创性的"登月计划"。在这个雄心勃勃又极具风险的计划中，谷歌公司似乎并不在乎预期的盈利，而是更加关注该项目所代表的科技上的巨大飞跃。马特·布里庭这样总结道：

---

[1] 脸书（Facebook）现已更名为元宇宙（Meta）。——编者注

> 我们不妨这样看待这件事情。如果你试图在现有工作基础上优化 10%，多半会采取循序渐进的方法——在现有成绩的基础上不断完善。但如果你计划要比原来提升 10 倍，那么就只能一切归零，从头开始。首要原则就是找到全新的方法。在当今的互联网时代，一家公司想要参与竞争，必须以全新的方式开始，因为数字世界正在以前所未有的速度发展着。

在这个快速发展的世界，我们目睹了各种急速增长的发生。公司兴起和衰落的速度比以往任何时候都快（1965 年，在美国，一家公司的平均寿命为 33 年；到 1990 年，已经缩短到 20 年；预计到 2026 年，将仅有 14 年），同时由于很多数字科技公司以及适应 VUCA 环境的小公司短期内迅速发展壮大，以上推测数据并不具准确性。例如，美元剃须俱乐部（Dollar Shave Club）创立仅 5 年，在赢利之前便被联合利华公司（Unilever）以 10 亿美元的价格收购；同样，仅用了 5 年，爱彼迎（Airbnb）公司的估值就已达到 580 亿美元。

正是这种超乎想象的速度使我们在学校学到的知识、我们花了数年时间才能完善的技能突然变得无关紧要。这就是单纯的技能或培训如今已被视为毫无用处的原因；这就是如今我们已经无法依靠原有的风险评估方法以及为一切可能发生的事情做万全准备的原因；这就是当我们听到"按程序办事"时就应极力反抗的原因；这就是我们周围的一切都变得不确定、充满变化和引起人们极度不适应的原因。

每当这种情况发生，我们唯一可以依靠的，也是唯一具有可持续性和相关性的就是人类那些基本的品质、能力和技能，它们可以帮助我们在由 VUCA 造成的长期危机应对模式下生存。人类基本特质中较为重要的便是勇气、适应性、韧性、同理心和信心等。事实

上，这些特质在"职业"领域中并未被触及或者被低估了。

当一家公司以人为核心并坚持该理念，那么它便有很大概率保持强劲的竞争力。然而，对大多数公司来说，VUCA 和数字化带来的紧迫感，以及机构发展过程中令人眼花缭乱的干扰因素，使他们把"白纸状态"[1]当成是一种奢侈状态而很少去付诸实践，而这种状态正是一家公司发展的基石，即回归初心，以人为本。一家机构不可能完全排除人的因素而只单纯用想法和意念去计算投入与回报是否成正比。即便这种方法可行，也必须建立在已经开始考虑减少人力负债的基础上，这样才能在这个快节奏发展的数字化 VUCA 时代立于不败之地。

人力负债

技术债务（又称"代码债务"或"设计债务"）在软件开发中被定义为因为返工而付出的人工成本和经济损失。其出现的主要原因是，在设计解决方案时采用了"快捷的方法"而非"正确的方法"或更好的方法，因为后者意味着需要投入更多的精力和努力。换句话说，软件开发人员走"捷径"的情况经常发生。如同货币债务会产生高额的利息一样，技术债务同样会带来沉重的代价。由于方案改进的需求不断被忽视，直到再无修正的可能，最终导致整个代码库需要完全重建。

这让我想到，既然技术债务会带来沉重的代价，那么用这个思路看待我们的员工，公司也就有面临损失的风险。因此，人力负债一词是指职场中人们集体追求快捷的工作效率而忽略提升员工工作

---

[1] 白纸状态是指人们对未来发展没有既定的想法。——译者注

幸福感而带来的损失。

人力负债是一个笼统的概念，具体包括对员工福祉、关怀和尊重的道德关注。但作为人力负债中的一个关键主题，"人力资源"一词本身就体现了不尊重——听起来我们的同事、团队不过是另一种资源罢了。在一些现代企业中，这个称呼已改成了"资本"，但如果这些企业能真正地像重视资本一样对待员工，那么"人力资本"似乎更准确，也会更受欢迎。这样的企业通常在设置"首席人力资源官"之前就已经有了"首席真心官"、"首席目标官"或"首席幸福官"，这么做完全不是出于公关的需要，也不仅仅为了改个时髦的头衔，而是真正地体现了在管理理念上的转变，但经历这种转变的公司少之又少。

将叙述的关注点从定量元素变成定性元素一直都很有挑战性。最好的例子是在1975年的旧金山，汤姆·彼得斯（Tom Peters）和理查德·帕斯卡尔（Richard Pascale）这两位备受尊敬的管理顾问和战略家，决定坐下来一起寻找一个在经济萧条时期改变美国工人悲惨处境的对策。他们都对日本的经验赞叹不已，还提出了美日两国的一些差异，而最大的不同之处在于，与日本工人比起来，美国工人缺乏高度的使命感。对日本员工来说，在不同的发展阶段，企业的竞争优势是他们共同收获的结果：企业与员工自上而下拥有共同的价值观。实现更高的企业愿景是他们共同的使命。

两人后来都在各自著作中进一步阐释了以上的观点，不过帕斯卡尔的《日本管理艺术》（*The Art of Japanese Management*）一书却遭到了读者的冷遇和不满——谈论使命和共同价值观有何意义？日本人为了追求更高的目标去工作，那又能怎样？

而彼得斯所写的《追求卓越：美国最佳经营公司的经验教训》（*In Search of Excellence: Lessons from America's Best-Run Companies*）这本书，虽然讨论的是同一个话题，但凭着独特的论述风格却得到了完全不同的待遇。书中提到的一个观点曾经一度备受追捧，即一家公司要有自己的价值理念和真正的愿景，而不仅仅是给人提供工作的地方。

如今，很多公司的墙面上都有一块大理石，上面刻着该公司的发展愿景，每一个员工不但能每天看到它，还能对其是否有效、是否惠及所有人发表自己的观点。对公司来说，员工已不再是为其工作的"工蜂"，而是拥有共同发展目标的投资伙伴，因此这也是解释"目标"理念的第一个典型例子。

在克服快速发展带来的各种不适应的同时，我们也要关注核心的问题：如何让员工真正爱上公司？如何避免通过强制手段，而是通过耐心培养和不懈努力让所有员工都对公司充满爱直到他们最终成为合伙人？想要员工全身心投入，只有全力以赴地减少或者更好地消除人力负债。

以人为本的时代

长期以来，我们在探究人力负债的真实程度时，有时需要提出尖锐的问题并使用必要的手段，但在新冠疫情期间，人力负债问题异常突出。

当生命健康受到威胁，人类必须表现其强大的适应性方能生存。为了应对威胁，我们改变日常生活的各种习惯以适应需要，随之带来了美好的集体精神，它体现在世界各地各行各业中闪光的人类行为中。

在商业领域，由于传统的上班方式已无法实现，远程工作和弹性工作一夜之间成为现实。毫无疑问，这说明职场中那些一成不变的原则里，至少有一条是完全有可能被改变的——人们为什么要被聚集在一个固定的地点一起办公？与之相关的其他原则也开始受到质疑。人们对真正的人本主义重新产生兴趣，从而引发了关于员工工作价值的热烈讨论。

也许我们最终会达成共识，认为我们需要的是公司文化的变革和友善、受尊重的工作环境。随之而来的，是我们需要从根本上改变价值观，改变看待工作的方式。因为公司的健康发展绝不是靠几场冗长的研讨会，抑或几张空洞的宣传海报就能实现，而是需要激进的想法和深刻的改革所带来的快速进步。

● 无效做法

- 重复我们正在做的事情——仍沿用原有的方式去组织和管理公司，仍然使用不变的分级体系、相同的组织结构、陈旧的用人标准和过时的职位名称。不去重新定义人的价值，对员工的需求不屑一顾，对员工的感受漠不关心。
- 忽略"团队"的概念——我们忽略的是影响员工行为的组织机构。
- 将组织和文化混为一谈进行理论说教——虽然两个概念确实有关联，但无效的说辞并不会带来真正的改变。
- 提供泛泛的"不要成为团队短板"式的建议——也许有时也会需要这种建议，但一旦人们陷入了不良的职场文化，哪怕每个人的出发点都是好的，这种建议也毫无用处。由于缺乏心理安全感而产生的时刻防御、过度保护的态度，会在各自的团队气泡里蔓延。
- "未来工作"的概念只是口头上说说——把新范式作为整体概念，对其重要性泛泛而谈，对新范式的应用也只体现在制订新的工作周期计划和重新调整一下办公室布局而已。
- 幻想存在"现成"的解决方案——特别是高价的咨询公司极

力推销的新奇"框架"或"流程"。这些方案也许并不属于任何一家公司,并且并没有经过任何内省式、批判性的检验,更不是以提升员工日常人际关系实践为目的的方案。

● 有效做法

- 质疑现有的一切。
- 没有怀疑,相信解决人力负债是我们的第一要务,在当今的形势下,想要保持竞争力,这永远排在第一位。
- 确保每一位领导者都具备高情商,能了解自己和他人的情绪,并具有高度的共情能力。
- 优先保护所有团队的心理安全,包括董事会。
- 让大家知道这与底线有关。
- 将工作分解成一个个具体的、可操作的任务,并确保每个员工都感到自己得到了认可,有充分的工具支持,实现健康、可持续的人际关系实践。
- 谈工作时不要只关注提升个人硬技能而忽视情商和团队整体行为。
- 围绕人而不是数字去重新定义价值观。
- 让每个人都快乐,使每个人取得的成绩都得到重视。
- 始终把团队作为核心理念。
- 将敏捷作为全新的思维方式。

在 VUCA 时代,能够保障我们持续发展的一个机制便是向数字原生代学习,赋予自己和员工更多情感,以减少人力负债。将复杂情感转化为数据,并拥有共同的目标,时刻充满同理心、热情、善意、尊重和关怀。

企业——个人和团队

我们大多数人都见过一刀切式的组织机构，它不但早已过时，而且存在很大的弊端。从带有误导性的奖励措施到对新模式的漠视；从缺少真实的公司愿景到设立各种虚假的目标；从对科技的重要性一无所知到对偿还人力负债漠不关心等，不胜枚举。

谈起这个话题，我们都经历过教训、冷眼和无奈。太多的企业早已不堪重负、病入膏肓，甚至得了"绝症"。"组织规划""组织心理""文化变革""打破孤岛"——这些作为重要的目标，既可以成就一个成功的案例，也可以毁掉一家企业。当我们把这些因素——如心理安全和情商等——定义为关键杠杆之前，它们仍然是模糊的理论。只有在团队和个人这两个层面中，关键杠杆才能切实发挥作用。

那么，在企业层面有什么需要做的事情吗？当然有。

- 理清思路
- 构建"畅所欲言"的文化环境——为合作创造真正的对话
- 制订切实可行的待办事项
- 让人力资源部门再次强大
- 许可
- 聚焦团队
- 真正敏捷起来——思维方式服务于工作方式

理清思路

许多组织似乎陷入了一个错误的模式，就是把重要的话题误以

为是微不足道的，这是人力负债产生的根本原因。尽管肩负着全力以赴改变公司文化的使命，他们在面对重要主题（如"人工智能""未来的工作""幸福感""投入""群体系统思维""服务型领导""信任""热情""目标"等）时，却往往浮于表面，虽有决心，但毫无建树。一系列有重大意义的主题被一些无关紧要的术语所掩盖，如同英勇的堂吉诃德在与眼前的人力负债做斗争时，徒留下数百个框架和令人费解的缩略词。

任何组织在进步的过程中，必须首先去除多余的术语和概念，摆脱自身的框架，深入挖掘语言背后的核心含义以及概念的本质，围绕变革的真正杠杆——团队与个人，重新思考和重做规划。

理清思路的重要性再怎么强调都不为过，任何成功的奋斗都离不开它，如同破解 VUCA 时代混乱局面的解药，清晰思路的重要性随着 VUCA 带来的复杂程度而更加凸显出来。

只有当我们开始敏锐地关注核心概念和重要价值观时，才能在众多因素中找到问题的具体症结所在。用什么实用的方法带来真正的变革？我们能期望什么？这一切如何适应所谓整体的发展愿景或趋势等？哪些对我们有效？什么最重要？我们如何形成对人的真正关注，并将其重新打造成独特卖点？

构建"畅所欲言"的文化环境——为合作创造真正的对话

能否"畅所欲言"往往是问题的最大症结之一。这种建立在勇气和善意基础上的行为，可以持续提供真实的反馈和意见。畅所欲言而不用担心后果，是建立在心理安全的基础上，也是团队高效工作的保障。

我们认为，在工作中的交谈便是畅所欲言。事实上，在工作环境中，所谓真正的沟通少之又少。大部分人在谈话中都感到"压力山大"，害怕给人留下不好的印象，有时谈话中还会充斥着各种听不懂的缩写词。

《敏捷开发宣言》（*Agile Manifesto*）（其中明确说明人在软件开发中的重要性远远高于其他任何元素）的最早一批签署者，是以人为本这一理念的真正倡导者。其他人也许会反驳，他们为员工做的也很多，他们也将真正的沟通能力作为一切工作的核心。

以两位巨头在推特（Twitter）[1]上的隔空对话为例。吉帕·希尔（GeePaw Hill），著名的敏捷培训师，在推特上发文说："协作——即关注人与人直接且相互信任的平等对话——是我理解的敏捷的核心，也是我们正在从事的最激进、最具革命意义的事业。"肯特·贝克（Kent Beck）——《敏捷开发宣言》的发起人之一，也是"测试驱动开发（test driven development）之父"——看到后立即留言："我没有哭。好吧，是的，我哭了。你的话确实说进了我心里！"两人的对话真正说明的是，为了应对当今 VUCA 科技环境挑战以及客户期待提高的压力，你在做任何一件具体的事情之前都要首先找到一条真正通往协作的道路。

合作始于勇气，但我们更需要真实、真诚和诚恳的定期对话。想要实现合作，我们需要一个勇于沟通的团队——开诚布公、语言明了、勇敢无畏，带着绝对的坦率、真挚的同理心和十足的诚意促成合作。这是心理安全的本质，也是成就一个高效团队的关键。

心理安全使团队得以实现。团队是一个家庭、一个单位、一个

---

[1] 推特（Twitter）现已更名为"X"。——编者注

有机体，而不是将毫无关联、性格迥异的人简单地聚集在一起。后者根本无法与之进行对话或合作，我们为什么要把他们组成团队呢？要实现真正意义上的对话，我们必须"畅所欲言"。无论在组织层面还是在团队层面，要以目标为导向，关注人际关系实践。

制订切实可行的待办事项

对于领导者，整个公司范围内的人际关系实践还必须包括整体的工作变革，从而缓解人力负债压力。这不能仅停留在理想水平上，更不能仅仅是一个模糊的想法，相反，变革已迫在眉睫且必须有明确的目标和规划。

当我们选择以敏捷的方式工作时，如果未来工作的伟大目标（Epic，指用以描述敏捷成果的总体"目标"或"战略目标"或全部过程）是通过科技创造出客户喜爱的终端产品和体验，并在数字化的 VUCA 时代保持竞争力和高性能，那么敏捷模式中的阶段工作任务将是"实现以人为本的敏捷思维"。从此以后，每一张待办事项卡上的内容都应该是围绕构建最小化可行产品（MVP）开展，包括提升领导者的情商和员工认可，提升所有团队的心理安全指数。这些是沟通的基础，是合作的基石，是相互关心的条件，是出色表现的保障，是投入工作的核心，更是以人为本的真正含义。

每个真正的领导者都应拥有一块展示板，不要将待办事项只放在心里或头脑中，而应借助一些现代项目管理软件展示出来。这样做，团队中的其他人员会对目前正在做的事情，以及公司未来的发展方向一目了然。

我们应该回归到使用手写板的时代，规划到底什么才能使公司更加高效、灵活、可靠，最重要的是简单和团结。

我们还要思考是什么让团队成员愿意分享，乐于助人，真正合作，保持自我，有勇气，有爱心，有动力，努力工作，认真投入，奉献自己，团结他人，接受变化，信任团队，虚心学习，对工作保持热情并向着成功的方向稳步前进。

实现公司投资回报率（ROI）的基础在于我们实现了未来工作的伟大目标，并已经开始减少人力负债，从而带来职场神奇的化学反应，实现像苹果公司或谷歌公司推崇的那种自然而然的文化契合。

让人力资源部门再次强大

根据高德纳公司（Gartner）的数据，70% 的首席执行官希望首席人力资源官（CHRO）成为企业战略的关键角色，但只有 55% 的首席执行官表示首席人力资源官能满足这一要求，表示同意的首席财务官则更少（30%）。

上面的统计数据反映了很多事实。首先，它表明在大多数情况下，人力资源与其说是一种资产，不如说是一种成本，在过去的几年里，对那些只关注准确数字这种客观事实的人来说，这种看法变得越来越清晰，比如首席财务官（CFO）。另外，它表明高层领导在制定战略时明显将员工考虑在内。因此，他们正在寻找这一领域的宝贵见解。

让我来告诉你，现如今在大多数组织机构中，人力资源部门的工作职能都是什么：公关或内部沟通以及行政管理。行政管理是最主要的工作内容，但这里主要是指处理与人事相关的各项任务。即便是招聘和选拔也是一切按照流程办事，整个部门没有热情可言，几乎或根本看不到传统人力资源部门必备的敏锐直觉。至于人员续聘、人才管理和绩效考核这类工作也是如此，他们只做些老套的文件处理。不会在研究市场背景后再对人员进行合理配置，也从来没想过要做什么改革。最后，领导力的发展从来不靠认真分析员工资料或切实地提升工作，而主要依靠在文件上打钩，或搞个团建娱乐活动，等等。从本质上讲，他们目前所做的工作，在不久的将来只需使用一个统计和运营系统便可以轻松完成。除此之外，他们还经常把问题归咎于电脑关键字匹配不准确，科技发展得太快导致他们根本来不及深入了解工作内容。既然每周都有新的技术和新工作方式出现，那么人力资源部门该如何给"人才"做一个永远不过时的定义呢？正如我们在那个最典型的例子中看到的，这是竭力逃避，同时从某种程度上表现出他们对人已经失去了好奇心。

与很多人一样，帕蒂·麦考德（Patty McCord）强调人力资源部门的重要性不容忽视，她介绍了重新提升人力资源部门作用的方法，使其回到以前能够将员工变成真正的生意伙伴的重要部门。帕蒂·麦考德是《奈飞的文化手册》（Powerful: Building a Culture of Freedom and Responsibility）一书的作者，也是奈飞公司（Netflix）"以人为本"企业文化的坚定执行者。书中介绍了奈飞如何把人力资源部门作为一切业务的基石，以及人力资源部门如何凭着高度负责的精神出色地完成了人才选拔的使命。

她还举了人力资源部门如何成功挽救了与任天堂公司（Nintendo）的商业合作的例子。当时任天堂家用游戏机（Nintendo Wii）的交货期限已迫在眉睫，可是他们却遇到了没有专业技术团队的困境，当务之急，只能临时组建。贝瑟尼·布罗德斯基（Bethany Brodsky）作为人力资源部门一名敬业的招聘人员，为公司做了超出本职工作的大量工作。为了更好地理解组建团队的核心任务，她花了大量时间熟悉项目中最细微、最复杂的技术。凭着对技术的掌握已到了专业的程度，她勇敢地挑起重任，亲自组建了一支优秀的技术团队并最终帮助公司按时交货。她所做的已经完全超出了人力资源部门需要承担的工作范围。贝瑟尼·布罗德斯基所具备的工作主动性和热情才是项目取得成功的关键。

帕蒂继续强调，人力资源部门要进行深入的改革。他们需要让员工经常思考问题，确保每一名员工都得到足够的激励，从而发挥其最大的潜力。

现在让我告诉你人力资源部门真正的职责是什么——是确保组织机构及其内部所有员工的健康发展。员工才是企业文化的守护者。

对人力资源部门的领导者来说，如果他们从未接受过这样的挑战，也从未洞察过人力债务的深层意义，那么就已经把自己变成了随时可被抛弃的资源，而非资源价值的创造者。作为高级人力资源专家，他们本应该在几年前就开始了解外部环境，找到科技和人才的流向，并立志成为首席执行官最信任的头号顾问。

他们应该像《星际迷航》的顾问迪安娜·特洛伊（Deanna Troi）那样，善于与人沟通，时刻准备带领团队迎接重视软技能和情商的新时代。我们不难发现，领导力其实是履行自己使命的强烈内在需要。遗憾的是，很多的传统公司，无论规模大小，无视本应由首席人力资源官（CHRO）完成的了解人、洞察人的工作，却设立了首席技术官（CTO）、首席信息官（CIO）或数字总管抑或任何一个与技术应用或技术开发有关的头衔。公司重视的应该是那些首先意识到技术本身并不重要的人、真正执行命令的人、接受委托会将公司带入新的数字时代的人。

一个很好的例子是敏捷/运维开发一体化（Agile/DevOps）的领导者既看到了技术的价值，也认识到技术的成败最终还是取决于使用或开发它的人。新的工作方式所展现的卓越性使人们再也没必要把追求更好的过程和最优的做法作为终极目标，相反，它为各种新奇的商业概念打开了大门。

随着工作方法和手段得到了明确划分，我们突然有机会发现团队成员间存在着化学反应，团队整体心理安全和行为更加多样化，我们既能发现集体情商，又能发现个人情商，以及每个人对开放、协作和创新的渴望，对"人的实践"重要性的重视。这些对公司来说是真正有意义的。因此，按照这个逻辑，我们便可猜测，在未来的公司中，负责关注人力资本的领导就是直接使用它的人，最接近分配它的人。特别在科技公司，信息和数字决定客户的主张，人力资源部门将会消失，他们的工作自然交给最理解人力资本的人。

在以客户为中心的专注数字、设计和敏捷的公司——也就是我们想成为的榜样公司——他们的人力资源部门与其他大部分公司都不一样。人力资源的优异，增强了这些公司的技术实力，也是这些公司成功的关键。

谷歌公司的人力资源部门被称作"人力运营部"（People Operation），公司除了有色彩的、温馨的办公空间和午休舱外，还致力于提高员工的心理安全系数，要求各级团队领导将本部门目标和关键成果（OKR）与员工个人的发展目标挂钩。

亚马逊公司设有一个为人熟知的"人力科学"部门；迪士尼一直把"对待员工就像对待顾客一样"作为座右铭——这是重视人力资源的最佳证明，也是一个潜在的信号，表明他们不再把人力资源部门当作独立的实体，而是把它的功能完全融入业务的各个方面，成为日常工作的一部分——苹果公司则另辟蹊径，取消了人事管理职能，而把零售业务交给了人事部门的领导，前人事副总裁迪尔德丽·奥布莱恩（Deidre O'Brien）向首席执行官蒂姆·库克（Tim Cook）重申："在苹果公司，我们相信员工是公司的核心。"

与此同时，如今在大多数公司中，人力资源部门的工作与1999年时没有任何变化，他们仍在埋头制定薪酬多元化制度，而对更深层次的分析和设计不闻不问。虽然公司对员工的数量了如指掌，但对人力资源这一公司最宝贵资产的数据收集和分析做得还远远不够。公司的领导者处心积虑地思考如何与用关键词筛选出来的人才协商假期薪酬，却没有想过如何为公司找到具有同理心和好奇心的员工，那些最终能够成功适应新商业模式的员工。他们更没有把心思花在如何打破限制、增强团队弹性上，以及如何提升员工的心理安全感，激发每一个人的创新性、创造力和生产力。

人力资源部门正面临着翻天覆地的变化，一个潜在的威胁便是人工智能的出现可能取代人类的很多工作。遗憾的是，大多数时候，他们仍固执地否认现实和故步自封，每日重复着毫无意义的工作，结果很快把自己困在被人遗忘的角落。

人力资源部门为了不被取缔，为了不被那些真正理解人的价值的、更聪明的职能部门取代，他们应立即停止关注那些无关紧要的问题，比如"有什么关键词"，"在哪儿有工作经验"，而是回归到关注"是谁"，多问"为什么"。这样，人力资源部门才能重新在董事会议中获得一个席位，在那些对公司业务增长产生重要影响的董事会成员面前——例如敏捷公司的领导者——也能一把推开空着的椅子坐下，给董事会上的其他人讲一讲为什么人既是公司最大的价值，又是最大的风险。

只有两样东西能够让人力资源部门再次强大：领导力以及人力资源部门自身。

要想改变现状，人力资源部门必须首先认识到自己目前在团队中的地位。承认自己工作方向有偏差、极易被取代的事实，然后重新打造自己的核心优势，即不可能被机器复制，接着向其他部门宣传这一点，使其对人力资源部门的作用有所改观。

在职场中，大多数员工似乎都在内心执着于成为推动变革者，或是成为实现某些伟大成就的关键人物。让员工的这种热情得以发

挥并投入公司发展上是非常明智的。当然，人力资源部门想成功，是十分必要的。

许可

随便翻开一本人力资源杂志，你会发现这个领域仍然活在自己的世界里。和我一起看看杂志里的文章标题吧：《部门经理的发展之路》《薪酬制定技巧》《为什么你的员工不信任技术》《员工培训——在职还是脱产》。这些人们热衷讨论和分析的问题，除了一些涉及法律的特殊问题外，其他日常的问题只需基础软件就可以轻松地解决。以上标题里没有任何一个关键词与重塑职场认知相关。关于新的工作方式、客户的期待、技术、人工智能发展速度和前景，或者员工感知外部环境变化的方式，以及如何将人的作用重新带入职场的策略，也都只字未提。

对人力资源部门来说，与其徒劳地讨论那些无用的话题，倒不如立即分三步开展务实的行动，并坚决落实到最后一步。

- 在公司各项业务中充分显示人力资源的价值，从而"减少人力债务"（通过在同理心、高情商和持续关注的心理安全的基础上鼓励所有员工进行有益的日常人际关系实践）获得对这一理念真正的许可。

- 不断与员工沟通，将这种许可传达给员工。更重要的——也是最难实现的——是让员工相信它。

- 帮助每一个人重燃工作热情，在工作中重新发现自我，通过个人实践，经历从幸福到感恩，再到发现更多的仁慈、同理心和同情心，直到每一个人在公司中都感到被尊重和被关爱。

- 实行"允许失败"的原则，为员工营造一个自我成长和创新的环境。让员工感到因为自己的勇于创新和勤于实践而受到公司的重视，不用担心因为失败会给领导留下糟糕的印象。

这些许可是必需的，因为在职场里，无论是组织还是个人，难免会产生令人沮丧的倦怠或者放弃的情绪。这种情绪逐渐蔓延也会产生恶性循环——员工个人无法专注于工作，而公司要求他们发挥个人最大的潜力，全身心地投入。与此同时，除了发几张廉价的健身会员卡外，公司对员工的福利漠不关心，也从来不会关注如何让自己的雇员成为"资本"而不是"资源"。他们没有工作热情，业务革新也就无从谈起。于是双方继续经历着令人沮丧的情绪。

你不能强制组织层面的变革立即发生，而应该像打台球那样步步为营，最终取得胜利。如果击打一个球就能引发连锁反应，那么员工的心理安全就是这个球。因为它代表人类最普遍的认知和最基本的尊严诉求。如果我们专注于打磨这个球并将其送上正确的轨道，它会触动并开启"员工许可"，这才是触发组织变革的真正推动力。

如果人力资源部门或其他部门需要一个更加有说服力的例子来证明"允许失败"原则的重要性，那么他们可以在《文化密码：高度成功群体的秘密》（*The Culture Code: The Secrets of Highly Successful Groups*）一书中找到。在这本书中，丹尼尔·科伊尔（Daniel Coyle）讲述了谷歌公司发展的故事——谷歌公司是如何在与当时的行业巨头序曲公司（Overture）进行的激烈创新竞争中获胜的。要知道，在2002年，谷歌公司才刚刚创业不久。该书还介绍了公司创始人之一拉里·佩奇（Larry Page）把负责这项工作的团队所面临的最核心问题打印出来，贴在厨房的橱柜上。一个名不见经传的团队成员，杰夫·迪恩（Jeff Dean），花了一个周末的时间努力尝试解决这些核心问题，最终找到一个解决方案，并与团队成员共同研发了"广告关键字"，成功地使谷歌公司实现一夜暴富（仅用一年时间，公司利润从6美元暴涨到9900万美元）。

杰夫·迪恩在开始尝试解决问题之前，并没有问自己是否可以试

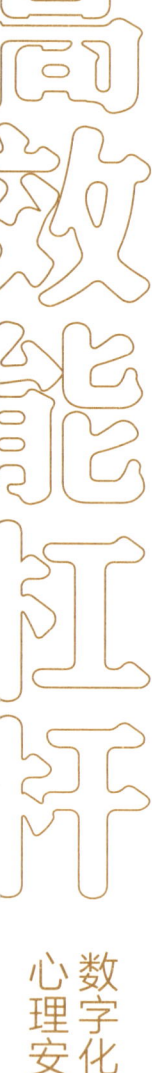

一试，也没有事先征求谁的同意。他觉得没必要这样做，因为他并不害怕被嘲笑或被批评。杰夫·迪恩在这个享有心理安全的团队中获得了能量，他既能感受到同伴的友爱，也可以放心地与他们进行激烈的辩论，在尝试解决问题的过程中，他清楚自己已经得到了许可（隐含着得到了可以失败的许可），于是他凭一己之力推动公司向前迈进了一大步。

人力资源领域的期刊应该从团队领导和团队成员角度探索什么才是提高人员工作能力的最佳方案。是通过一同大声喊口号，还是提供一个冥想的角落？是通过奖励优秀典型来激发感恩情怀，还是通过"爱心传递"项目去宣传友爱？是调动员工个人的工作责任心，还是强调好领导应为下属服务，加强联系，真诚关心下属？

如果我们要把团队的解决方案列在展示板上，那上边一定要加上"每月挑战目标"。在这些每月都要更新的挑战目标中，一定要有加强团队的爱心和同理心——一个具体的做法是——让公司的部门领导挑战在每次部门会议前，一边心里想着团队成员，一边口中默念："他们和我一样，期待积极的工作过程，希望被倾听、被尊重、被团结，希望得到学习和成长的机会，渴望快乐地工作。"这只是一个小小的例子，一旦人力资源部门获得了迫切需要的许可，参与公司发展的许可，就会有成百上千个类似的好点子产生。

聚焦团队

丹尼尔·科伊尔的《文化密码：高度成功群体的秘密》中介绍过彼得·斯基尔曼（Peter Skillman）发起的棉花糖人实验。实验要求参与者使用未煮熟的意大利面、胶带、绳子和棉花糖搭建尽可能高的独立结构。他们四人为一组，每组代表不同的阶层，从设计师组到建筑师组，从企业家组到《财富》500强领导组，甚至包括学龄儿童组。

出乎所有人意料的是，实验中做得最好、建得最高的组是最后一组，他们搭建起来的平均高度比那些律师们和首席执行官们建的高得多。刚毕业的工商管理硕士（MBA）们表现得最差。幼儿园孩子成功的原因在于真正的合作，他们从一开始就接受彼此，组成了一个强大的团队。在团队中他们放心地不断尝试，完全不用担心别人怎么看自己（不会因为害怕而刻意避免无知、无能、消极或破坏性/冒犯性/不专业的行为）。这些幼儿园的孩子组成了真正的团队，正因为如此，他们才创造了团队奇迹。这是深刻体现团队理念价值的最佳例子之一。

我反复提及团队，我们还会在第三章中详细讨论。但在过去的10~15年中，团队的概念被严重低估，我们必须思考其中的原因并找到改进的方法，因为没有团队的公司就失去了基本的发展核心。

将团队建设纳入员工年度学习与发展（L&D）预算中或列在部门优先事项清单上的时代已经离我们而去，如今不但没有人再这么做，甚至会被看成一件愚蠢可笑的事情。几乎没有公司在内部谈论这个概念，也自然没有人去践行他们本该重视的团队理念，更不用说去组建和改善团队了。曾几何时，团队概念也备受推崇，但是如果我们追溯一下它的重要性是什么时候开始消退的，就会发现，出于这样或那样的原因，在如今的职场中，团队概念已在员工集体意识中消失了。

我坚信，缺乏真正的发展动力是当今阻碍企业发展的根源之一。尤其在领导层面缺乏动力，导致舍本逐末的行为更是隐患。没有发展动力，我们几乎没有希望去建立并维持绝对必要的心理安全。

20世纪八九十年代，"团队"的概念无处不在，虽然企业中的团队并不像体育运动中的团队那么意义重大，但它对企业发展至关重要。

随着时间的推移,"团队"这个词仍然存在,但它的重要性似乎越来越弱。

有许多因素导致了这种局面的产生,从职场中英雄崇拜的兴起到员工整体心理健康水平的下降,再到由此导致的员工对真正的合作失去兴趣,转而关注社会上兴起的个人主义。如今几乎所有类型的统计数据都可以证明以上观点,比如,有人说,尽管社交媒体的发展使人们的交流明显增加了,但总体而言,我们比以往任何时候都更加孤立。信诺健康保险公司(Cigna Health Insurance)在2019年进行的调查显示,46%的重度社交媒体用户感到十分孤独。

由于多种原因,如今企业对"团队"概念的认知已达最低点,"团队"仅仅是员工临时组成的工作圈而已。当我们讨论职场生态系统和合作才是企业进步和创新重要途径的同时,"团队"概念的缺失,将使我们很难找到创新的交叉点,也无法组建成员密切联系且功能突出的小组。

如今,我们关注的许多概念完全是抽象和不切实际的,例如对"组织"一词就有花样繁多的说法。从本质上来看,这些概念比圣诞老人更不真实、更不可信。而"团队"的概念才是助力企业发展的真正杠杆,但我们已经慢慢地丢弃了它。

如果我们要恢复"团队"这个概念的本意——或者至少是恢复到以前的荣耀——我们就会不由自主地在我们的每一次互动中认识并渴望实行它的模式。临时的、跨职能的、自然的或者瞬间的团队,我们每个人每天都可能是其中一员,无论我们是否愿意这样定义它们,但缺乏定义是使团队不那么强大的原因之一。组建一个团队不需要太多东西,不需要名字、地方,不需要特定的时间框架和计划,此外,也不需要建立和决定规范或程序。我们需要的就是愿意称自己为团队,愿意全身心地投入其中,感受归属感,我们需要一个共同的目标和意愿去完成一项或一组任务。

此时，你和我都在思考同一个问题，我们就是一个团队。

某个会议的全体参会者，在会议当天，他们形成了一个团队。

在 WhatsApp[1] 上，家长群同样是一个团队。

参加公司月度运营会的所有人员，包括市场部和合规部的代表，自然也是一个团队。

那么作为领导的团队呢？也许他们是最缺乏"团队精神"的。高层会议上的领导们给人的印象往往是一群高高在上的管理者，要么外强中干，要么谎话连篇，几乎看不到一个领导团队应当具有的强烈的目的性、明确的目标感以及友好的合作态度。然而，如果没有团队，心理安全就无从谈起，如果没有心理安全，无论我们如何自我鼓励，在 VUCA 时代中都没有任何实现长足发展的希望。

给你个挑战，在这一周花些时间思考"团队"的概念——它在你生活中是否扮演了它本该有的重要角色，你在多少个团队之中？与你一同健身的伙伴，你与你的伴侣也是团队吗？在团队中，你在心理上是安全的、自由的、脆弱的，还是真实的？你与团队中的其他成员是否目标一致？那么在工作中呢？对你来说，谁只是名单上的团队成员？谁才是你心目中"最给力的队友"？谁是你的后盾？谁又是和你一同创造奇迹的人呢？

真正地敏捷起来——思维方式服务于工作方式

对那些已深刻理解科技的速度、数字化的前景和 VUCA 时代挑

---

[1] 一款社交软件。——译者注

战的组织来说，有效偿还之前欠下的人力负债的另一条捷径，就是将敏捷/运维开发一体化作为在未来获得动力的方式。

敏捷作为一种工作方式在很多行业中逐步获得青睐，并被认为是快速获得可靠结果的最佳方法。与传统的瀑布式项目管理方法相比，以敏捷方式运行的项目都执行得更快、更好。

除了展现出来的速度和质量，敏捷本身也体现更大的价值，因为它从本质上就代表着看待事物的新方式。这是思想的转变，是对线性思维、连续思维、规避风险思维方式的改变，是对传统商业思维模式的彻底改造。因此，我们在敏捷中发现的原则似乎特别适用于项目管理或软件开发，但实际上，它们在核心价值中包含了围绕实践、沟通、领导力的有力尝试和革新。

对那些明智的公司来说，上文讨论的大多数内容都是帮助他们保持竞争力的必修课，但其中的必要条件就是首先要使公司真正"敏捷"起来，即把敏捷的理念深入人心，融入公司文化中。公司将以人为本，形成去中心化的、自治的组织。组织中有服务型领导，并对员工和客户高度尊重。公司重视反馈，将鼓励员工不断实践，不畏失败，作为生存之道，高度聚焦团队及其心理安全，从而使员工更高效地工作以及更好地表现。

亚马逊公司可以称得上是世界上最"敏捷化"的公司之一，即使他们从未这样称呼自己，但公司的斐然成就归功于高度的灵活性以及以客户为中心的理念。据报道，亚马逊公司的创始人杰夫·贝佐斯（Jeff Bezos）极为推崇速度的重要性，因此，也愿意给公司以失败的机会。"你要善于迅速识别错误的决定并纠正它，"他说，"如果你善于纠正路线，那犯错的代价可能比你想象的要小。然而，如果识别错误迟缓，那么犯错的代价必定是高昂的。"正是这家成立仅25年的公司，已推出了一系列的创新产品，并成为现代生活中不可或缺的一部分；同样是这家公司，敏捷思维的核心在这里得以发扬光大，比如客户至上的理念、高效的沟通方式、具有高度自主权的两个比萨团队模式、领导者的主人翁精神及目标意识、对数据价值的高度重视以及清晰的结构等，这些使公司的快速发展成为可能。换句话说，敏捷是如此的包罗万象，它可以为公司各级别组织提供其所需要的优质、有效的指导。如果说敏捷不仅仅是工作方式的变化而是思维方式的深刻改变，那么它会给公司带来全方位的变革。

如今的工具和运行模式都在进步，但公司的发展蓝图却一成不变，仍然停留在 20 世纪 80 年代，这些公司不愿意也没能力走上革新的道路。消费者的期望越来越高，但对员工满意度的关注却越来越低。科技的发展日新月异，而公司却重复着关键绩效指标和组织机构而发展缓慢。

在大多数行业，一家公司的成立大都是偶然的而非精心策划的结果。如果能提前规划设计，那么公司在创建之初就会杜绝人力债务的产生。对于已经成立的公司，我们只能希望尽可能地去减少人力债务。为了做到这一点，我们必须尽其所能地重新思考、重新设计、重建蓝图，将焦点从构建总体层面的"文化"或"组织"，下移到对公司变革真正产生影响的基层组织，即团队及个人。我们要把本应给予他们的关注与尊重弥补回来，并鼓励员工大胆创新，开放思想，"敏捷"起来，只有这样，我们的公司才能进步，才具有竞争力。

第二章
程序与人——敏捷、工作方式与思维方式

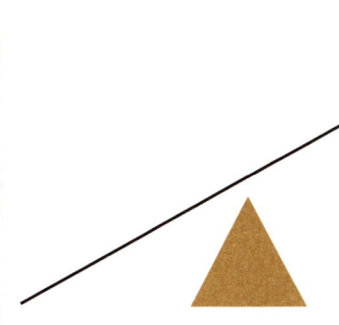

新的工作和思维方式

对所有人来说，敏捷和团队的心理安全之间的相关性，或者说，新的工作方式与以人为本的话题之间的关联并不十分明显。但在各个行业里，都有一小部分人是运维开发一体化模式的狂热爱好者，他们热衷于解释其中的内容 [我强烈建议阅读吉·金（Gene Kim）、凯伦·费里斯（Karen Ferris）或吉特·克里特加德（Gitte Klitgaard）的著作，认真研究并持续关注他们的新动态]，但它们之间的直接关联仍然相对模糊。本章试图建立敏捷与团队的心理安全之间的联系，并且发掘新思维方式的本质，找出它们是如何与企业员工相关。

如果说"用心理安全消除人力债务"是我的人生终极目标，那么紧排其后的目标，我不得不承认更难解释和坚守——就是假设敏捷的真正使命是展示人在工作中的价值。这不该是一个难以解释的问题。

敏捷本身不是什么"信息技术"，而是一种"项目管理模式"，与人的工作方式有关。心理安全是与员工本人相关的，并非所谓的"人力资源部门的工作"，它同样涉及工作方式。此外，敏捷也并不是复杂的方法论，只是体现以人为本而已。它是关于人的，也需要依靠人去应用。

心理安全与作为研究对象的人有关，而敏捷教给我们的是作为实践主体的人如何应用这一模式，来提高工作效率。实现这一目标的核心是，作为研究对象的人必须拥有心理安全。

对我而言，二者之间的直接联系似乎是显而易见的。所有认识我的人都知道我有"效率癖"。首先，我喜欢以最快的速度完成任务，不出差错最好。即便出现了问题，我也会在最短的时间内迅速改进。我不止一次提起，技术带来的安全感深得我心。如果目标设立得当，我完全可以信任技术会以什么样的速度完成哪些事情。我是个没有耐心的人，因此更乐于在行动中不断改进，并且把这个做法推广到提升自己、改进工作，甚至用它帮助我的团队及其他人改进。就性格而言，我仿佛就是为所谓的新工作方式而生的。

说实话，在过去的10~12年中，我之所以在工作中成为敏捷的实践者、敏捷的"人类学家"、敏捷的爱好者和倡导者，是因为我的智力和人格中的某种特质使我更愿意接受任何有利于实现目标的捷径。从本质上来说，快速、灵活、持续学习、追求最佳结果，都与"未来工作"这个宏大的概念息息相关。

如此说来，这种新的工作方法不能轻易被所有人接受似乎情有可原，可是令人费解的是，怎么还有人对这种新方法的理念不感兴趣呢？这些理念早在十几年前就已提出，但至今仍未成为一种新常态。要知道，企业的经营模式或多或少都应与数字化有关，大多数公司都要将落实新的工作方法作为奋斗目标。

如果追溯"新的工作方法"的定义，我们会发现，在过去四十多年中，以提高工作效率为目的而提出的、所有改善人们职场中交流方式的项目管理新方法都属于新的工作方法。在这些方法中，有些源于制造业，有些源于软件开发，有的关注工作流程中某一具体环节的改进，有的则主张从理论性质和思维方式两方面进行全面和深入的变革。

关于这个概念，还有一件事令人不解，那就是如果仔细研究到底是哪个部门提出了这个概念，你会发现，制定总体战略的人或领导、人力资源部门、信息技术部门或者项目管理部门都认为对"未来工作"的定义是"他们的"想法。换句话说，公司中的不同部门都认为是他们提出了这个概念，甚至认为只有自己的部门可以实践与这个概念相关的所有方法。

虽然这个概念的外延很广，但不同外延之间存在巨大差异。几乎没有哪个机构能全盘接受这个概念，除了那些刚了解这个概念的入门者。这是因为，入门者都是从最基本的内容开始，碎片化的信息无法使他们从宏观的角度理解这一概念的真正价值。那么，新的工作方式到底是什么？它们为什么"新"？为什么不是"我们习惯的做事方式"？

为了更好地理解新旧方式的差异，我们需要了解一下在大多数机构中各种项目传统的执行方式，它可以被统称为"瀑布流"运行模式。这主要是为了将其与"敏捷"或"迭代"的项目推进方式相对比。

后者主要是指，当我们管理一个项目或迭代开发某个软件时，其目标是形成一个基于学习和用户反馈的持续循环。为了实现这一目标，我们将工作分割成较小的单位，在理想状态下，每一个工作单位最终都会成为一个最小的行动模型，无论是关于提升功能还是开发产品，这些行动模型都会在应用中获得用户的反馈。

这一过程其实包含瞬间预测、快速决策和设计，以及立即对所谓的实践结果进行处理，包括发送结果、收集数据、实现对终端产品的改进。因此，整项工作被尽可能地分割成最小的增量，从而形成一个个专注当前状况和无限未知挑战的行动模型，整个工作进程便不会被"没想到"的情况所阻碍。再由拥有"不埋怨""拥抱失败"文化的团队进行整体高配合度的工作，这样就可以继续创建下一个迭代。在早期阶段，获得准确的评估、完善的计划和精准的预测往往很难，导致大家的信心都不足。实践敏捷的公司在获得任何证明其价值的证据之前都不会关注如何大幅提升信心，相反，它们会把精力放在如何最快获得持续的反馈和数据等方面。

就实践而言，我们能想到多种实现上述目标的方法，若要简单概括，那就是团队将一项工作分成更小的部分（我们可以采用其他说法，比如用"叙事诗"描绘整体目标，用"用户故事"记录详细预测内容，用"便利贴"或"卡片"来说明具体的任务）。然后，将所有这些单独的任务放在一个通常称为"待办事项"的列表中，在某些情况下，"产品负责人"（product owner）或"敏捷专家"（scrum master）会确定它们的优先级，之后，团队会从清单中领取任务，并完成各自的既定目标。工作的完成通常不会超过几周，因此往往被称为"冲刺周期"。

敏捷工作方法包含一系列特有的"活动"，包括"sprint planning"❶、"kick-offs"❷、"daily stand-ups"❸以及使用"retrospective"的缩写，"retro"代表的项目回顾会，会上团队成员可以讨论工作过程中的所见所想。敏捷的所有方法都要基于"实践"和"反馈"的循环。相比之下，"瀑布流"模式并不期待得到这样的循环，因为在模式运行过程中反馈并非实践的核心。因此，我们可以假设，某项工作一旦被确定，不管执行项目还是开发软件，团队成员都要首先花时间寻找并明确该任务的需求，之后结合初始的调研结果和预测，事无巨细地设计好该项目的方方面面。设计完成后才到开发阶段。开发的过程通常是整体将任务按层级分配到下属机构。

从实践的角度，"瀑布流"模式下的项目通常需要至少几个月去计划，再需要几年的时间去执行，其中涉及诸如"可行性研究、调研和分析""范围确定""需求规范""设计""实施""测试和集成""运行和维护"等阶段——所有过程通常都受控于"整体战略"和"路线图"。

---

❶ 规划即将开始的分解任务。——译者注
❷ 在上一个版本发布后，开始下一个版本的产品宣讲，启动开发。——译者注
❸ 高效的站立式短会。——译者注

想象一下，一种方式很活跃、始终在线、持续应用更新的产品或实施更新的解决方案；而另一种则僵化、耗时、只能按照固定的路径定义单一的结果。迭代/逆序哲学预设人们对未来一无所知，我们需要不断地提出问题。而瀑布/顺序思维则预设人们已掌握了一切，无须提问，只需按最初的计划盲目执行即可。无须解释，这两种方法中只能有一种可以适应当今技术的发展速度和数字消费者不断提高的期望。

新的工作方式并不"新"

事实上，"新工作方式"中真正"新"的部分却很少。"迭代"一词首次出现时，是指软件开发领域工作执行的方式。据说，这个术语可能早在1930年就由贝尔实验室（Bell Labs）的沃尔特·谢瓦特（Walter Shewart）提出，因为他当时推广了他的"PDSA"方法（Plan-Do-Study-Act，代表"计划—执行—研究—行动"）——由此表明现代软件开发兴起之初，这个概念其实就早已为人所知。

作为对比，与适应迭代方法相反的"瀑布流"方法被误认为是由温斯顿·罗伊斯（Winston Royce）在20世纪70年代写的一篇论文中首次提出。在这篇题为《管理大型软件系统的开发》的论文中，作者描述了政府承包的工作都是按"需求分析"、"设计"和"开发"的顺序严格管理的。这些流程不但需要以线性方式按部就班地执行，而且具有耗时长、高度结构化的特点。

很多人并不知道，最具讽刺意味的是，后人并没有提到这位作者建议整个流程至少要进行"两次"，而且论文的其余内容都是在讨论"迭代"。因此，在这篇文章之后，作者也再没有真正定义过如今已经在项目管理和软件开发中被奉为经典的瀑布模型。无论我们追溯到多久以前，也无论我们是否误解了概念的起源，或者是否认同两种方法的功能与源头。在过去的四十多年里，绝大多数项目都一直在以瀑布流的运营模式进行，这始终是事实。它代表着线性顺序、长期任务以及固定的思维模式，这与敏捷中分散增量、不断尝试、持续进化的软件开发和项目管理模式完全相反。

传统的工作模式执行久了——不管这种模式留下了多少烂尾项目——意味着它不仅已在商业领域中根深蒂固，而且还影响了整整几代人的思维模式。这种影响从人们上学的时候便已开始。若我们审视当今的学校教育，就会发现顺序思维和缺乏实践精神已成为一种可悲的常态。

敏捷是什么？

维基百科对敏捷的定义是："在20世纪90年代，因针对盛行的重量级软件开发方法（如瀑布法）的一些批评，如过度规范、计划和微观管理等，一些轻量级软件开发方法逐渐发展起来。这包括从1991年开始的迅速应用程序开发（RAD），从1994年开始的统一处理程序（UP）和动态系统开发法（DSDM），从1995年开始的Scrum，从1996年开始的水晶清透法（Crystal Clear）与极限编程法（XP）；还有从1997年开始的功能驱动开发。虽然这些方法都是起源于《敏捷开发宣言》之前，但都统称为'敏捷软件开发法'。与此同时，制造业和航空业也经历了相同的变化。"

2001年，12名熟练运用以上述编程方法的资深软件开发人员，在美国犹他州会面，并共同拟定了以下宣言：

● 敏捷软件开发宣言

我们一直在实践中探寻更好的软件开发方法,在身体力行的同时也帮助他人。由此我们建立了如下价值观:

- 个体的互动高于流程和工具;
- 工作的软件高于详尽的文档;
- 客户合作高于合同谈判;
- 响应变化高于遵循计划。

以上文件虽然是针对软件开发撰写的,但对我而言,它是指导人们在职场环境甚至是个人生活的各个方面都能拥有敏捷思维的最佳行动方案。如果我们简单地把宣言中"软件"一词分别替换成"组织"、"产品"或"结果",就会立即明白为什么保持灵活、应变、开放,以学习为导向,以结果为驱动是适应社会和保持进步的唯一途径。

有些人喜欢把敏捷和精益六西格玛(Lean Six Sigma,另一种备受赞誉、注重绩效的项目管理方法)看作迭代、快速和结果驱动这一新方法的硬币两面:一面涉及软件开发,另一面关乎公司管理。我认为术语的名称并不重要,它并不能因为一个是关于软件开发或项目运行,而另一个是关于公司管理就决定术语的差异。事实上,与其关注二者的不同,倒不如把重点放在它们定义的特征、二者的统一和交叉。交叉体现在二者都包含快速传达和进化增量的理念。

有些人热衷于敏捷模式下的不同方法,他们之间也会时常爆发激烈的"战争"。Scrum被看作敏捷模式中最具结构化和制度化特点的方法(有些人把敏捷实践者称为"Scrum主义者",足见该方法给人一种十分苛刻的印象)。同时,诸如Kanban[1]这种比较"柔和"的

---

[1] 一个可视化工作流管理系统。——译者注

平台，也在企业的各领域被广泛应用。此外，行业中的每个人，甚至那些对敏捷各种实践方案如数家珍的爱好者，都对不同的方法有各自的理解，并极力推崇，人们被分成不同阵营。于是就有了"敏捷"与"敏捷性"的视角之争（为了避免具体的区别，我更愿意把所有方法都简单地归在"敏捷"整体的概念下）。而后又出现了"敏捷"与"运维开发一体化"之间的区分，接着又上升到理论家和实践者之间的分歧。多数时候，一方都会对另一方的观点嗤之以鼻。关于其他方法的争论也层出不穷，如"是否应该采用Scrum""SAFe（规模化敏捷框架）究竟安全与否""'真正'的敏捷只能是……XP（极限编程）？FDD（特殊驱动开发）？Lean（精益）？DSDM（动态系统开发方法）？还是更加深奥的Crystal Clear（水晶清透法）才是敏捷的经典代表？"

尽管以上做法确实有些吹毛求疵，咬文嚼字，但大多数敏捷人都会赞同一个观点：具体的方法都是次要的，它远没有转变思维方式重要，也没有理解转变的基本原则重要，这个原则就是我们的工作要根据反馈不断进行检验。因此，所有表面上的差异都拥有一个清晰统一的内核，对那些了解并热衷敏捷的人来说，所有人都会深刻理解并达成共识——只有敏捷会要求我们做得更好，它使我们时刻保持最灵活、最投入和最诚实的状态，敏捷教会我们只有发自内心地而不是被强制去做一件事，你才能真正把它做好。

敏捷不是什么？

在一些行业中，人们把敏捷当作是仅适用于信息技术领域的软件开发模式，但实际上，敏捷的功能远不止于此。

● 敏捷不仅适用于信息技术

在所有你能想象得到的行业中，我们所热衷的"增长"在很大程度上取决于敏捷性，以及利用数据和技术快速灵活地应对市场变化的能力。

大量的数据已经证明，企业选择全方位应用敏捷模式，就选择了一条正确的发展路径，这与该企业在哪个行业完全无关。在银行、石油、天然气领域或大型制药公司中的任何项目，无论涉及监管、运营、研发（R&D）、数码提案，还是公司年度烧烤聚会方案，都可以在 Kanban 平台上完成。那些还没有意识到这一点的企业，如果还没有将其作为基本目标，不仅会错失成功的机会，而且还可能把敏捷模式仅局限于某一部门。这不仅非常遗憾，而且也提醒我们，很多人在以孤立、局限的角度看待敏捷。

敏捷绝不仅仅是一种项目管理或软件开发模式，而且是改变我们工作方式的一种变革性的新方法。

它与所有事情都息息相关。

● 敏捷不是更新组织

纵观各种"敏捷转型"的案例，人们逐渐发现了一些共性的转型模式，可以解释很多企业转型失败的原因。这些案例的故事似乎都一样。几年前，某公司购买了咨询公司提供的敏捷资源包，并决定"成为敏捷"。在几个月之内，让全体员工都认识到他们不再属于固定的组织，如部门或小组，而是公司大家庭的一员，每人都是产品负责人，或者每人都是"工程师"。

无论你的电脑是 XP 系统还是 Jira 系统，你都可以在油管网（YouTube）上找到很多关于如何成为敏捷培训师（Scrum masters）的

视频。可是很多员工都祈祷公司的每日站会（daily stand-ups）尽快结束，他们好继续做自己的事情。

● 敏捷不是重复实践

这一点无须解释，只要翻开《敏捷开发宣言》便会找到答案，但是事实往往并非如此。在实践中，敏捷并不是支持思维方式的方法，相反它成了一种支持软件和实践的手段，真正的功能只是在完成的任务前面打个钩而已。听起来十分可笑，但可悲的是，这种现象随处可见。缺乏明确目标作为基础，所有工具和流程都是危险的，因为它们要全方位地取代或指导人的各项工作，习惯性地重复实践必将导致一事无成。

与我们合作的一家银行就是典型的"重手段、轻实践"的例子。因此我们不得不四处宣传这样的理念："成为敏捷一员，仅需要一支笔、一张纸和美好的愿景便可实现。"希望以此来引导大家关注思维模式的重塑。

● 归根结底，敏捷是一种信仰

若我们能暂停一下，认真思考敏捷方法背后所体现的理念，就会发现所有理念都以人为基础。合作精神、同理心、善意、目标，是理解这一理念的内在基础，并坚信要实现预期的宏伟目标，敏捷是最有效、最清晰的方法。这个方法在敏捷模式执行过程中是不容更改的。人们必须坚信，只有合作、保持机敏、肩负责任感、一往无前和投入情感，才能高效地完成工作。

如果一家企业仅将敏捷看作毫无意义的时髦模式，而对其核心理念半信半疑，那么必定看不到它的成果。那些把领导团队当成是可有可无的工作的公司，他们把实施敏捷作为一项爱好或者是额外的工作，并不期待全体员工改变日常的工作模式，那么必然错失敏捷能带来的所有美好前景。

● 敏捷是一种思维方式和精神状态

我对团队中的新人以及我的客户都说过："当有一天你开始使用Trello看板做家务了，你才算真正理解敏捷。"

让每个人都有一个"啊哈"时刻，自己突然领悟到新方法的妙处，这是敏捷得以充分利用的必要条件。很多机构只是简单地强制性要求员工接受新的工作方法，却不去激发每一个员工拥有自己的"啊哈"时刻，它们靠聘请由大量顾问和教练组成的所谓敏捷辅助团队来开展重复而无意义的培训，并对自己的公司无法达到谷歌公司的效率而百思不得其解。

在某种程度上，敏捷就像瑜伽——因为它不会改变你身体的力量，却教你将身体变换一个新的姿势。你之前从未意识到自己身体的各部分可以达到的新的位置，起初这种感觉棒极了，但之后你也意识到，瑜伽也要遵循固定的原则和流程。此外，瑜伽对时间、呼吸、动作有严格的要求，正像敏捷一样，也需要持续进行有目的性的训练以及对各种要求的确认。

为了进一步比较，假设你与朋友度假时，为了等待同伴们从睡梦中醒来，你在豪华酒店附近的海滩上做了一会儿瑜伽。在这种情况下，就不能说你做瑜伽的目的是通过训练增强身体的柔韧度或其他锻炼的效果。

让我们回到基本原理：

个体的互动高于流程和工具，又称"以人为本"；

工作的软件高于详尽的文档，又称"反馈工具"；

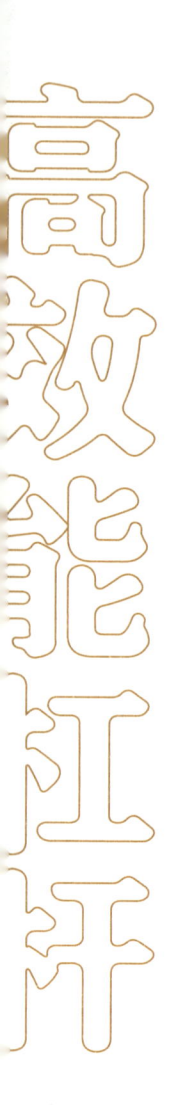

客户合作高于合同谈判，又称"共情和目标"；

响应变化高于遵循计划，又称"灵活与创新"。

《敏捷开发宣言》包含了大多数机构一直追求的所有目标：充分利用人力资本实现以客户为中心的快速软件交付，换句话说，就是充分调动员工的积极性，快速制造出客户喜欢的产品。这既不标新立异，也不涉及任何风险，因为多年来，无论是巨头还是各领域的大型企业都将其视为发展目标，信任敏捷的公司也都取得了令人震惊的成果。

这就把我们带到了问题的关键：信任。

执行总裁们信任敏捷是一把利器，能够帮助公司迅速找到极具有竞争力的消费者主张（consumer proposition），从而在遇到其他竞争者更灵活、更大方的主张的威胁时，他们仍然能够守住自己的客户。

执行总裁们能否这样做？他们信任自己的员工能够承担交给他们的任务（即使是员工职业生涯中最艰巨的一个），并且会发消息给全体员工：

请接受以下建议，停止头脑中的瀑布流，也不要认为站立会议只是打发时间。不要再纠结到底是哪个部门带来的收益或损失，忘掉你所知道的部门职责，而是勇敢承担个人责任。与公司的发展同频共振，如同你就是公司的主人。从公司高层的视角看待问题，因为你也是公司的一部分。依靠团队其他伙伴，高效工作，时刻准备接受风险和失败，并相信绝不会因此受到惩罚或阻碍。对产品保持热情，知晓待办清单上的各项任务都与满足消费者的需求紧密相关。最后，也最重要的是，永远保持实践的勇气。

更重要的一点，员工能否相信他们的总裁是认真的？

通过设计或"转型"实现敏捷

关于敏捷实践的讨论之所以如此激烈，关键原因之一是那些真正的敏捷公司所取得的成就是有目共睹的。

众所周知，这些成就不仅来自硅谷的科技巨头，而且越来越多冷门领域中的大型企业也加入了这一行列。这些企业有的创造了、有的改进了内部创新文化，通过全方位应用敏捷并使所有员工对此认同，他们在与对手争夺终端消费者的竞争中已独占先机。关于高人气的运维开发一体化软件有一个广为流传的趣闻：谷歌每天使用该软件发布数千次任务，亚马逊每 11 秒一次，而银行使用它部署工作的平均频率仅每年 5 次。

- 代码迁移量增加 208 倍；
- 事故恢复时间加快 2604 倍；
- 对战略机会的反应速度可以提高 75%；
- 基于消费者反馈的决策速度可以提高 64%；
- 减少 57% 的筒仓，增加跨学科团队数量；
- 技术的潜在杠杆作用提升 52%；
- 整体工作处理速度提升 106 倍。

这些只是过去 10 年在一些报告中呈现的数据。

你在很多地方都能看到以上数据，如果你认为这些令人信服的数据仅仅是咨询公司使用的模板数据的话，我也可以理解。大多数咨询公司主要负责推进工作方式的转换以及宣传敏捷的优势。因此他们是敏捷转型的初始力量。尽管如此，如果你仔细观察那些在敏捷转型过程中表现良好的公司，便会发现，这些公司都毫无例外地拥有内驱力，主动开展深刻变革并树立高远的目标。尽管这是一个根本性的变革，根据传统做法，只有在高层战略组织进行严密策划后，或者至少由董事会一致批准后，公司才能进行如此重要的改革，但是对于大部分成功进行敏捷转型的公司，这种变革完全是在强烈需求的驱动下自我完成的，而非由咨询公司所主导的。

比起那些通过游说董事会才得以发起的"传统革新"或"数字化转型"项目，敏捷更像是在草地上自然生长并发展的模式。它的出现是为了解决有效性和可行性的问题。首先应用于软件开发，而后用于一般的项目管理，现在终于开始渗透到与速度、反复、运行相关的所有功能之中。至此，它便无声无息地传播开来，因为与以上的转型项目相比，敏捷代表的是企业运行模式的巨大转变。而对咨询公司来说，与其亲身实践敏捷，他们更愿意通过推广敏捷模式而搭乘这一波快速发展的红利。

咨询公司试图表明他们对敏捷"最佳实践方案"的理解是温和且保守的，只需公司稍加努力便可实现。而敏捷理念中大部分晦涩难懂的概念，也被他们通过片面地讨论"数字化"而一笔带过。大多数咨询公司坚持认为，"数字化转型"才是更重要的概念——它是企业的终极目标，而敏捷由于仅涉及执行方面的转型，因此仅处于次要地位，但是这种说法真的正确吗？

敏捷作为一种思维方式，完全可以被看作更高的概念，因为即使在完成传统革新或数字化转型之后，它仍然发挥作用，而这只是目前的状况。面对敏捷的领跑者——谷歌、声田（Spotify）、通用汽车或亚马逊——四家公司中没有任何一家敢站出来说："是的，就是我促成了他们的成功。我像以往一样写了份约五万字的战略文件，为高管们提供了如何从根本上成为敏捷的发展蓝图，现在他们做到了，他们的成功可以说明一切。"诚然，这些敏捷成功案例中的绝大多数都是年轻的公司，他们可以从公司创建之初便采用敏捷和数字化的方式，因此被称为"数字原生公司"。但即便如此，公司的成立在很大程度上也没有得到任何咨询公司的帮助，这与你期待的咨询公司参与了公司的发展并不符合。

一些人认为，在所有成功实践敏捷模式的最佳案例中，由像麦肯锡（McKinsey）、波士顿咨询集团（BCG）或贝恩（Bain）这样的知名战略咨询机构主导的例子并不多。这主要受商业目的的限制，员工不会把公司总裁拉到一边说："来，不要让其他人知道，让我来告诉你什么是敏捷模式，你只需要列出三列事项——要做的、正在做的和已经完成的。给我一天时间，你便会爱上敏捷或 Scrum、Kanban、DevOps 等软件，或者欣赏它的灵活性以及任务永远不会最终完成的理念，如何？"

而更险恶的是，尽管咨询公司本身并未亲身经历过敏捷转型，也没有制订任何方案，但是它们迅速意识到了企业转型的潜在需求，以及缺乏思维模式转变所带来的巨大影响。但是出于商业目的，它们决定保护这个公司发展的缺陷，继续推销传统的运营模式。当这种模式起不到作用时，它们再为企业提供大量的敏捷培训师。

当涉及软件开发时，行业正在慢慢地摆脱咨询公司提供的发展框架，而对成功模型的需求逐步增加。当涉及企业文化变革时，几乎所有的战略公司都认为不可能，他们也确实没有成功找到适合所有公司的标准公式。他们似乎只能在表面上谈谈如何改变一个企业的 DNA，使其更加开放、灵活和人性化。而对如何从内在激发企业（或领导团队）的使命感、创新知识、保持学习的动力和工作热情等方面，依然束手无策。因此，咨询公司无法带领企业团队从内心深处变得敏捷。如果他们不能尽快找到方法，在不远的未来，那些计划敏捷化的公司只需复刻谷歌公司的敏捷发展模式即可，它们也再不会给各大咨询公司收取高昂咨询费的机会。

- "敏捷转型"

如今，有成千上万的公司正在为探索适合自己的敏捷或数字化转型而苦恼不已。问题的主要原因就出在"转型"这个词的使用上。"转型"（transformation）一词浮夸、隐晦、包罗万象，但放在宏大概念框架中，又会显得毫无意义，单就这个词带来的令人生畏的感觉，就很难获得成功。讽刺的是，从本质上来看，为敏捷转型做准备的过程其实与敏捷的原则背道而驰，因为转型过程是从瀑布流式的工作方式和连根拔起式的改革开始的。

也许我们应该立即把"转型"变成"变革"，然后干脆对概念的框架停止幻想。在实现重大变革过程中，采用什么路径并不重要，如今各种方法和提案比比皆是，真正重要的是弄清急需改革的支柱内容，之后将其变成可理解的语言，并充满热情地介绍给自己的团队和团队下属的团队——也就是你的整个公司。我收回刚刚的那段话——路径其实也很重要，假如你选择了一条被指定的发展路线，那么就不需要思考并规划构建适合自己的体系，在发展道路上锻炼出移山填海的能力也就无从谈起，那么战斗还没开始你就已经输了一半。

需要改革的支柱内容必须围绕着重大且无争议的主题，比如：确认变革的坚定信念——与员工分享你主张变革背后的思想过程，允许他们自己决定是否对你所做的事情给予肯定："大家刚刚读到的就是公司未来的前景，我们都清楚改变公司文化和工作方式已势在必行，所以这不是空洞的说辞，而是让我们成为数字时代精英的具体方案——你要一起吗？"

去中心化，实现目的驱动的自主管理，以取代命令和控制。有人说，这是最难的——对高高在上的领导来说，让他们成为服务型领导的主意听起来就十分不切实际。他们无法想象没有了对员工的控制，企业如何能够完成发展目标。

构建一个推崇灵活性和适应性的工作环境——它在工作中真实存在而不仅仅是在纸面上。改变顺序思维，适应按需行事，不再提前制定一年的工作规划，这不容易，但非常重要。

高度重视顾客。想办法优先处理客户反馈，因此要学会以最小化可行产品（Minimum Viable Product，MVP）为导向的方法收集客户反馈。他们的反馈比其他工作都重要，这是因为这与你本人具体的业务密切相关，不考虑反馈而尝试那些现成的策略是绝对行不通的。

高度重视团队。专注组建如家庭般的小型工作团队，以此为单位完成敏捷模式的工作十分重要。正如之前提到的，如今有太多围绕"机构"开展的讨论——当你停下来认真思考，就会发现这是一个模糊的概念，且只存在于理论的范畴，缺乏可行性，这与上文提到的"转型"一词问题相似。换个镜头观察，真实的需求便会显现：重视小团队的心理安全，是让每一个成员成功的关键。

高度重视人，消除人力负债。在这个新世界里，自动化可以并即将取代一切不具有高度人性化的东西，从而最终消除公司的竞争力。给予员工足够的尊重和欣赏并不是老生常谈，而是一个新的启示，公司仅凭这一点便可清理积压的人力负债。

将"结果"重新定义为重要的东西。与其从20世纪90年代的商业手册中借鉴别人的关键业绩指标和绩效指标，不如坐下来，了解什么才是最重要的，什么是衡量成功的最佳标准，或者说是公司决策时问的"为什么"。想象一下，你在探索的过程中发现公司金库中冷冰冰的现金才是最重要的。因为资金对于商业运行的重要性不言而喻，同时它还可以被包装成公司的发展目标和关键结果（OKRS），一旦它变得清晰，便构成了需要改革的支柱内容。一旦重点清晰，就可以转化为目标和关键结果来驱动它。新的衡量标准必须鼓励员工的失败、勇气和好奇心，而不是奖励服从与顺从。

勇于实践的文化。一旦以上的内容均已落实，奖励机制就与适应能力和勇气联系起来。在一个哪怕是一个微小的成绩都会被充分赞扬的环境中，宣传勇气的重要性就是不停地强调以开放、诚实的态度面对错误，这远比执着于精确无误更有价值。

重新理解协作。把关注的主题从一个空洞的词语变成有意义的、务实的目标，让大家有强烈的集体目标感，互帮互助，专注于即时又实际的收益。与其整天讨论如何消除隔阂，不如通过加深认识公司的愿景把员工团结起来，让他们看到连接每个人的那条线最终都是为了满足客户的需求，让他们思考如何共同成长，而非单打独斗。

时刻保持批判性思维和工作热情。公司的员工、团队和领导不能停止寻找问题，也不能停止提出问题。如果他们不再调查、检验，不再对现状不满，那么就不会一直努力保持循环，不会让自己时刻准备应对各种变化。具有讽刺意味的是，是否经常主动运用批判性思维是判断工作热情是否存在的最明显的标志。当一个人充满工作热情，也就证明他会充分表达自己批判性的想法。

坚持学习和保持好奇心——对创新和成长的渴望是实现上面每一条的基础，但考虑到我们今天的知识型组织的状态，这往往是最不自然的一步。

上述各条既不是面面俱到，也不是相互排斥，而且一定也不是"最佳做法"。

实践的过程是艰辛的，充满未知和不安，但实践可以应对隐蔽的、整体的、无法定义的变革。我并不是说变革不可以是公开的、适应需求的或者由高层明确定义并直接宣布的；正好相反，作为第一项，来自管理层的充分肯定和员工建立在纯粹的商业目的和可持续性需求基础之上的敏捷思维至关重要。但前提是要把它细分成易于管理，既务实又极其有效的"战略目标"（epics），每一个目标都要有实际结果，而不是只在口头上说说。

"组织"、"文化变革"和"转型",在今天任何人使用他们的时候都要格外小心,这些空洞的词即便不是故意用来蛊惑人心,它们也绝对不是决定变革的重要杠杆。94% 的"敏捷转型"可能会失败,但我敢打赌,94% 的"敏捷心智渐进式变革"(Agile Incremental Changes of the Heart and Mind)一定成功。

没有思维方式就没有工作方式

● 专业思维模式与改革

在我看来,敏捷转型之所以"失败"或迟迟无法取得预期的显著成果,主要因为敏捷的核心代表着一种打破传统的、全新的思维方式,这与我们在职场中所熟悉的方式截然不同。想要彻底改变并掌握新的模式,对很多人来说即便是可能的,也会十分困难。

我们在职场的成长过程中,当工作的内容不再局限于学校里学习的东西时,就标志着这是职业生涯的起点,在那时我们才开始理解世界真实的样子。这套"职业价值观"影响了我们内在的行为准则和信仰体系。它在潜意识里已经存在,虽然大多数人还没有意识到,但它对我们的职场行为会产生影响。

从我们的职业道德,到对合作概念的理解,再到对任务的态度,都是基于我们学习和观察到的结果,它也一直指导着我们前行。其中最主要的原因是,学习和观察的过程为我们提供了认知的保护,远离了风险。

此外,由于我们对学习的理解只是在我们生命中一段固定时间内该做的事,也就是说,在完成学校教育和一些培训之后,我们就不再期待在职业生涯中继续学习和提升。所以，我们很少去质疑已经制定好的工作框架，也几乎不会从职业的角度重新审视自己的思维方式。

正如上文提到的，瀑布流模式和敏捷模式之间的差别很大。如果我们以瀑布流的方式看待世界，就意味着要按照既定顺序，以刻板的线性方式将事物联系在一起，也就是1-2-3模式。即一件事会以确定的逻辑顺序紧接着另外一件事发生。这也意味着每个步骤都需要花费大量时间，人在执行过程中要时刻保持谨慎。因此，该模式对那些不喜欢冒险的人充满吸引力。每一个阶段都要力争严格地按照事先制订的详细方案一丝不苟地完成。这样，他们在工作中才会有一种一切尽在掌握中的感觉。

相比之下，敏捷提供了一种"1-2-1-3-2-1"的模式（或任何其他组合模式），即采用一种循环式和反馈式的模式，事情会在无框架和无计划的情况下发生，也可能在短时间内完全改变。没有阶段性步骤，没有详细的计划，也没有确切的说明。此外，当与上一级的目标相比时，敏捷的每一次更新迭代都会让人感觉任务还不完整、"尚未完成"。当然这需要更大的灵活性、思维敏感度和风险承受力。以上两者是与职场紧密联系的两种截然相反的模式。真正的"变革"首先要在员工个人的思想和心灵中发生，然后他们才能从一种思维方式转变到另外一种思维方式。

遗憾的是，对那些想要在敏捷上取得成功的公司来说，他们需要完全认识到这种深刻改革的必要性。在公司文化层面，做到全员统一认识，不漏掉任何一个不认可敏捷理念的员工，与此同时，公司不再需要对员工严格控制和培养传统的顺序思维。每一个人，从测试员到执行团队，都必须意识到改革的必要性，并采取措施挑战自己根深蒂固的、线性的、僵化的思维模式。显然，他们每个人都必须理解敏捷背后的原因，且在敏捷正式启用之前，就从心底坚信这项改革势在必行。

当我与许多领导团队在一起时，发现让他们在思想上坚持改革的必要性十分困难。一些领导认识到了改革必须进行但在过程中发现阻力重重。然而大多数人对改革的必要性只是简单地在口头上说说，在心里还是认为改革早晚有一天会"不了了之"。有时遇到这种情况，并没有捷径可走，你所能做的就是通过大量成功的案例不断地激励他们。当然，也有一个可行的成功方法值得尝试，那就是首先让他们读《凤凰项目》[1]（Project Phoenix），然后给他们看《独角兽项目》[2]（Project Unicorn）。

关于企业改革的一个老生常谈的问题是"我们该从哪儿开始？"——"自下而上还是自上而下？"说到用心接受敏捷，我们必须找到最有效的方式将其渗透到公司的每一个层面。我本人是"三明治"式方法的支持者，即自下而上与自上而下同时进行，最终在中间汇合。

公司基层部门，如开发部、产品部、设计部和在维护前线的运维团队，无须花费太多精力从理论上理解并接受敏捷，但毫无疑问，他们仍然可以通过专注具体的工作方法来确保敏捷在公司DNA层面得以推广。

针对公司顶层的改革其实更难。在过去的几年中，我收集了一些其他公司在改革中总结的有效办法，这使我有勇气与领导团队坐在一起，试图让他们理解如下内容：

---

[1]《凤凰项目》是由基恩·金（Gene Kim）等人2016年所著的一本小说。该书讲述了一位信息技术经理如何挽救了一家具有悠久历史的汽车配件制造公司的故事。——译者注

[2]《独角兽项目》是2021年基恩·金（Gene Kim）所著的《凤凰项目》的姐妹篇，从软件开发人员的角度继续讲述无极限零部件公司的故事。——译者注

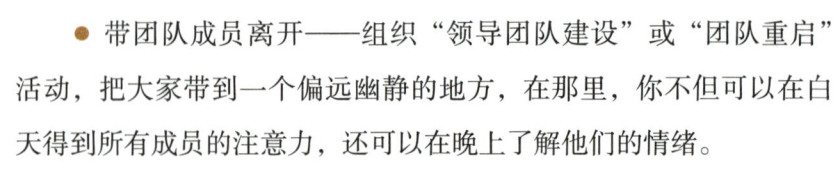

- 带团队成员离开——组织"领导团队建设"或"团队重启"活动，把大家带到一个偏远幽静的地方，在那里，你不但可以在白天得到所有成员的注意力，还可以在晚上了解他们的情绪。

- 在会议开始前做一个小型的启动仪式，比如共同讨论一项提议，如"我们将使用 Kanban 记事板规划待办事项"或"我们只能每几个小时 / 在午餐时使用一次手机"，并最终达成共识。

- 从一个"感受不舒服"的共情训练开始——给每个团队成员一张事先准备好的印有 10 个与个人性格相关的问题清单（可以找找几年前在《纽约时报》首次刊登的"让你坠入爱河的 36 个问题"作为参考），并让他们两人一组，每人分别选择他们认为比较舒服的两个问题互相提问。当对方必须给出答案后，另一个人就会看到刚刚到底回避了什么问题。结束后大家回到小组，每人轮流分享一个刚刚回避的问题，并解释为什么不用这个问题向对方提问。

- 向大家解释印象管理（Impression Management）的概念（详情可见第四章）并提醒他们时刻留意这个概念。

- 时常引用来自运维开发一体化的数据报告，以更直观的方式向团队说明速度的价值。

- 直接讨论《敏捷开发宣言》中的内容并且向他们展示网址，然后观察他们的反应；如果他们没有大笑，那就意味着你还没有打动他们。

- 如果预算允许，请一位《敏捷开发宣言》的初始签署人来做一次演讲，介绍关于宣言背后的精神以及此后的发展历程——请听众们在笔记上记录讲座的内容框架，尽可能地体现敏捷的核心概念。

- 利用硅谷神话激励团队成员，概括总结这些"精英团队"出众的创新、执行速度。

- 首先，了解自己的团队，思考如何开展"人际关系实践"（People Practice）——向成员们解释心理安全这一概念的内涵以及与生产力的相关性，教会他们衡量心理安全的标准及注意事项。这些内容最好同步给公司的首席执行官和其他高层领导，用来衡量领导层的心理安全，同时向他们解释每人都有责任在高层管理会议上轮流承担这个责任，直到让每个人都参与其中。

- 让他们参与共创"属于我们的敏捷"，并大规模推广敏捷的相关方法，如规模化敏捷框架（SAFe）以及一些并不是对所有部门都有价值的其他方法。由此向大家解释这些方法的特点以及在执行过程中的陷阱。

- 让他们为自己的事情新建一个 Trello 项目管理板，比如策划一个夏季活动项目，组织一次家庭旅行，或者重新装修自己的房子，然后邀请他们的配偶共同体验它的管理功能。

讽刺的是，在以上所有建议中，似乎只有最后一条对一些领导者产生了实质性的影响。

每一个真正的敏捷实践者都会证实，无论对于自己的职业还是个人，敏捷给他们带来了彻底的改变，一旦你"看到了光"，便再也无法忍受黑暗。就是这束光使他们学会认可他人，帮助他们在工作完成的同时也能够对他人的巨大投入报以欣赏的态度。

敏捷与人

敏捷这一概念已从项目管理发展到适用于提高领导力以及公司的其他部门，而且在这些领域中依然表现高效且成绩斐然，当我们将敏捷与其他管理框架相比较，比如六西格玛或精益，就会出现质疑的声音，除了少数例外。尽管敏捷优势明显，但它并没有得到广泛的推广，也并未达到宣称敏捷时代到来的程度。这让人们有理由相信，敏捷也难免遭遇被遗忘的命运。

事实证明，当我们把以上两种方法进行比较，二者最主要的区别在于，敏捷的出发点是非常务实且以结果为驱动的，并带来了不可否认的理想效果。每家公司的董事在批准全面的敏捷转型的过程中，都要克服最初的不屑和冷漠——有时是整个企业的各个部门都会经历同样的遭遇。他们之所以这样做，并不是因为他们自己看到了光明前景（这可能会在时间上产生反作用），而是因为那些清晰的数字让他们希望与那些完全敏捷化的公司一样，高效而准确地交付新技术和成果，并持续让客户满意。

有些人并没有意识到把敏捷与"数字化"相提并论是注定要失败的，因为与其他的工作方法或方式相比，它需要更深层次的情感投入。因为敏捷是一种思维状态和哲学理念，而非简单的实践和流程。因此，它迫使实践者经常从组织和个人层面审视自己。在宏观层面上，这也解释了为什么某些行业的一些部门对敏捷表示抗拒。类似于"敏捷并非万能"的这种反对意见实际上是轻率且毫无根据的，禁不起推敲。但他们的解释是，敏捷并没有万能到能够适用于商业领域中每一个急需彻底改革的部门。但这种假设正确吗？

我们到底需要敏捷做什么？

● 不为追求速度，只为真正合作

不可否认的是，交付速度是敏捷应用到软件开发的最大优势。要实现这一工作模式的优势，离不开建立在传统团队价值观基础上的真正协作，团队为一个共同的目标而通力协作是成功的关键。无论使用哪一种敏捷项目规划板，虚拟的或现实的，也不管他们在哪一种敏捷软件的实施协议上签了字，在此过程中，敏捷使用的范围被不断扩大，终极目标也在不断被重申，顺利的话，整个执行过程也会不断被检验。

敏捷之所以适用于任何领域，主要是因为它在设计之初就一直建立在充分规划和明确告知的基础上。这有助于团队的深度协作。一旦团队从内心深处"被俘获"了，认同为什么要做这件事以及为什么要采取这种方式的时候，他们就更有可能去关心他人，帮助彼此，共同完成工作任务。

尽管公司的整体办公环境，无论是办公空间还是技术工具，看起来十分开放，但员工却经常发现自己很孤独。对于这个问题，在公司里贴几张鼓励合作的励志海报并不会起任何作用，但敏捷可以将每名员工自身的合作本能都激发出来。

● 为了寻找家庭般的归属感

对任何一个高效团队来说，团队成员的心理安全是核心概念以及主要的成功杠杆。毫无疑问，在团队中获得支持和安全感是任何公司员工的最基本需求。尽管这对任何工作方式都很重要，但敏捷模式尤其需要一个有安全感的团队。如果我们认真看一下展示人类需求的马斯洛的需求金字塔（Maslow's pyramid of needs），就会发现安全需求在金字塔的底层。也就是说，除了生存需求（如住所、营养等），另一个基本的需求便是安全。没有它，人就无法生存，这与人所处的环境绝对无关，这个道理也同样适用于工作。

我们继续向上看，就在安全需求之上你会看到"爱和归属的需求"，而如今在这个充斥着数字和字节的社会中，这个需求经常被看作弱点且只限于情感的语境中，在职场环境并无人谈及。"爱和归属"是一种极为重要的人类需求。在大型公司中，超出办公室的工位范围或志同道合的小圈子之外，这种需求就很难被满足。敏捷对团队的要求非常高，每个成员都要对公司有强烈的归属感。矛盾的是，这一点就让很多实施敏捷的公司从一开始就望而却步，甚至打

了退堂鼓，因为他们缺少一个参考，能够使员工在工作中感觉自己是公司这个大家庭（或大部落）中的一分子。

成为家庭的一员会让人感到温暖、安全和自在，而除了那些初创公司或家族企业外，尤其在很多大型企业，对大多数员工来说，工作似乎意味着艰辛、不愉快甚至痛苦。因此寻找敏捷的帮助一定值得考虑。

● 为了价值

沿着这个金字塔继续向上看，就是尊重的需求——他们需要被尊重，觉得自己是有价值的。敏捷通过其关键绩效指标明确地加速发展，给予那些理解和使用尊重需求的人一种可以记录下来的自我价值感。

从某种意义上说，体现敏捷"快速而准确地得出结果"这一主要优势的是一句隐喻："我早就说过。"说这句话的是在某领域长期遭受忽视和低估的辛勤工作的团队。如今借助新的工作方法和更加智能的方式，同时得益于敏捷的快速处理速度，他们可以向公司展示自己的真正价值。不仅如此，在敏捷模式构建的安全的大家庭里，他们保持开放、诚实，甚至脆弱，让自己在最重要的人——他们的队友面前发光发亮，充分展现自身价值。

● 为了挑战

最后，金字塔的顶端是自我实现的需求。大多数人都不会把它和自己的职业生涯联系起来。调查显示，员工很少或根本不重视通过工作成就获得自我实现感。

敏捷模式的特点可以总结如下：时刻欢迎变化，诚实和保持对话很有必要，脆弱也值得被赞赏，没有什么事情被"彻底完成"，因为它们永远处在变化和挑战之中，这一切都意味着这种模式对人的要求很高，需要时刻保持紧张的状态。人们通过随时迎接挑战来不断测试自己的能力，在这样的机制下，要求自己和他人都遵循最高标准，在开始下一个步骤前充分质疑，并规划下一阶段更优化的目标，这些都是最基本的要求。有些人声称敏捷只适合那些比普通人更优秀的人，因为它要求员工做最好的自己。这样的说法是错误的，因为我们每一个人内心深处都有做更好的自己的需求，尽管我们所在的公司文化并不能培养这个需求。

● 为了关注人

在敏捷化的过程中，如果不践行人类最好的品质——比如最重要的同理心和热情——就无法真正实现敏捷。相反，很多人认为技术人员在工作中可能没有任何感情，但敏捷的成功已证明，这是完全错误的。世界各地的开发人员、产品负责人和项目经理都能够充分激发善解人意、友好善良的品质，让敏捷模式充分发挥作用。

通常情况下，对一些优秀的专业团队来说，在工作中保持脆弱、开放、创新与创造力以及情感的充分投入，不但很不习惯而且也非常困难。但在敏捷模式成功的公司里，我们明显发现，人们愿意在情感上激励自己，并能持续产生积极的效果。技术改变了一切，敏捷可以说是获取技术的最快方式之一，因此它处于这场变革的中心。这也就是敏捷会在其忠实的推崇者和坚持认为它会"消失"的反对者之间引起强烈反响的原因。

在一个思维僵化的工作环境中，一个人要做到自省和高情商是很困难的。只会拿着镜子去寻找员工身上的优秀品质（比如勇气和热情），这样的做法令人非常不舒服。认为脆弱就是在工作中承认以上情感的需求，很遗憾这是反直觉的想法，并非事实。但那些美好的人类品质对于我们重新规划未来工作非常必要。未来我们的工作环境是全新的、健康的、合作的、共情的和有共同目标的，而不是建立在惯例的基础之上。

敏捷不关乎生意，它是关于人的。在我们工作中，除敏捷外的其他一切却并非如此。

让一切都与人有关并没有什么问题。

去感受，去思考，去关注人。

为什么敏捷的道路如此艰难？

实行敏捷的公司的主要抱怨之一是，没有什么任务可以"最终完成"，但在瀑布流工作模式中，这是项目开发人员和管理人员梦寐以求的，这代表他们终于可以停下来休息了。这很真实。

有趣的是，仅这一件事情就暴露了如今职场中一个系统性的问题：某一种固定的工作方式一旦形成便在人们心中根深蒂固。可悲的是，这种工作方式会给公司带来各种问题，这些问题也会出现在陈旧的体系和程序上。

职场中的一些理念，例如，朝九晚五的上班时间、公司严格的上下级结构、"猴子式管理法"会带来逃避责任、少承担任务，以及在做任何事之前都要进行严密规划，它们如今已经深深植根于职场中每个人的头脑里。那么现在我们正在要求他们彻底改变想法。如果我们想要他们（和我们自己）获得成功，必须诚实地告知，使其明白，敏捷与他们之前所习惯并熟悉的理念有极大的不同。

由于企业环境和人力负债的问题，大多数人在公司中被剥夺了个性。这是普遍的事实。即使在高管层面，也不会被赋予个人责任、自主权和勇气。一旦踏入公司的大门，你就会觉得自己只是这个巨大机器中的一个齿轮，在强制的流程和指令中迷失了作为人的自我。

在一家大公司，当员工经历了漫长的痛苦、迷茫、沮丧和缓慢的进度后，终于完成了一个项目，他们终于可以松一口气，然后等待下一个毫无关联的全新任务。通常在这种时候，他们并不理解自己做上一个项目的目的是什么，明知道很痛苦还要去做的原因是什么。

一个典型瀑布式项目的完成似乎就像是一场恐怖电影的结束，角色们从紧张的威胁中快速逃离，而制片人却仍然希望我们相信他们还有可能重新开始。每个人都躺在地上，喘着粗气，心中充满了厌恶和恐惧，但他们庆幸自己活了下来。现在，恐惧消失了，创伤也结束了，他们终于可以慢慢恢复。

在敏捷实践过程中，项目完成的那一刻永远不会到来，当然创伤也不会到来。这不是对瀑布式项目的改造，这是另一种全新的方式，让我们看到什么需要做到最快，才能持续为终端消费者生产出最酷的产品。开发和管理人员不能再依赖于项目交付后的停工期，而是需要学会像成年人一样，在需要的时候自己找到缓解压力的方法，保持可持续的前进，并在系统和流程的运行过程随时等待需要解决的问题出现。

在一些公司，员工在项目结束后如同刚刚参加长跑比赛，一下子躺在地上，只顾着休息；除此之外，他们还会把运行过程和设备中出现的问题或风险当成是喘息的机会。许可丢了、机器坏了、偷懒的同事、未清理的路障、批准还没通过、别人还没答复，等等。这时，所有人都可以休息了。当其他人背上有"猴子"[1]的时候，就

---

[1] 被指派了下一个任务。——译者注

是大家等待自己任务的时候了。当然，人也要休息。但在旧的工作方式中，当整个体系让他们失望时，他们就会选择休息。

有时，比起体系中的各种缺陷，更让人失望的是人的行为，比如抱怨各种问题。我们需要一个出了问题的东西，这样大家就可以一起抱怨了。

对大型企业来说，只有打破这种恶性循环，才能真正实现敏捷。传统的瀑布流的工作模式不断强化流程的作用，而把人的想法或意见打成碎片。想要拯救它，员工需要不断强化如何充分利用这些想法的碎片。这就是我们需要按下"重置"按钮的原因；这也是我们不能"把敏捷当成一个锦上添花或者无关紧要的项目引进到自己的公司"的原因。

我常看到的一个荒谬的推论，瀑布模式与敏捷模式之间的矛盾可以在新兴企业中得到完美解决。就好像他们让你相信新衣服非常合身，虽然刚穿上时也会有些不舒服。

坦白地说，敏捷化的过程并非顺其自然，毫不费力——特别是对专业精英来说，他们在创立自己公司之前，曾在传统的企业环境中工作很多年，但他们还需要向投资者证明自己已找到了如何实行敏捷的答案。

与此同时，敏捷也不是"新同学"专用——它是当下最有效也是最紧迫的需求，等不得慢慢转变。所以，任何一个至少5年后才退休的人，最好让自己开始实践敏捷模式，否则就只能等着失败了。

说实话，对于敏捷，我们喜欢纸上谈兵，但在实践过程中，推广敏捷不但困难而且似乎会使人产生直觉上不适应。这个问题不仅存在于需要转型的公司，也存在于新兴企业。

敏捷要求人们：

富有勇气。敏捷可能会在很多方面出错，存在太多的未知和令人生畏的"如果怎样"，因为我们对此毫无经验。当然，我们也从未经历过犯错后依然感觉有满满的安全感。

"永远状态在线"和畅所欲言。每一项待办事项都必须经过充分讨论，所有工作都不能不经过认真思考，保证在毫无争议的情况下由程序自动完成。

富有创造性。人们已经熟悉并实践过的方法可能再也无法奏效。一切都在变化中，这会引起人们的不安和恐惧。但是就在人们发现了一个新方法、萌生了一个疯狂的主意或尝试了一条新道路的那一刻，一旦他们意识到了其中的价值，一切就变得容易多了。

做"主人"。当人们把自己的任务贴在项目管理板上时（或者在项目管理软件中，任务一栏出现自己的名字），他们一定要感觉自己作为首席执行官，在一个想象中的公司启动仪式上，发布了一项极为重要的任务。他们必须实现它，然后积极寻求反馈。在那一刻，责任感与自主性同时到来，对大多数人来说，这是一种全新的感觉。

保持开放和好奇。不管你是产品负责人还是团队成员，对于来自他人和自己的挑战、质疑和"事后诸葛亮"的批评，不要太在意，时刻准备去接受。让自己在团队中有足够的安全感，相信自己有神奇的力量可以自如应对一切负面评价。

坚持人的真情实感，韧性来自"不安"。不要极力降低风险，否则就又回到了旧的思维模式中。坚持由未知带来的"不安"，这份"不安"保持着人性的真实情感，在此过程中情商也随之增长。

以前，我们的员工从来没有被要求做到以上几条，他们也不会自然而然地就做到了。没有人能够作为一个小齿轮融入一家大公司，然后等待如同在恐怖电影中疯狂追逐后的长舒一口气。这很困难，也很不自在。以下是可以帮助员工调节不自在情绪的一些做法。

庆祝小胜利。当一项任务被移到"完成"栏时，不妨跳个舞来释放内心的喜悦或者团队在任务完成速度上再创新高后，相约一起去喝上一杯。每完成一件事情，我们都应该在复盘的同时为自己感

到自豪。尽管这些与年度股东大会的汇报或者每年的工作总结相比，似乎根本不值一提，但是敏捷给了我们一个可以经常累积快乐的理由，我们一定要善加利用。

休息一下，按照自己的节奏工作。教会人们尊重自身的学习能力并能保持自己的节奏至关重要。不要让员工急切地期盼瀑布项目交付的那一刻。敏捷不就是意味着"冲刺"吗？是的，但是有时只领走一个任务签是明智的。打开大门欢迎那些想开小差的人加入团队，并非冒险的行为，因为团队的规模很快就能将其暴露出来。

保持初心。内心经常回归我们的"信仰"。我们为什么做这件事？我们生产了什么？当产品在终端用户手上，他们感觉如何？真正的以客户为中心，是在一个又一个冲刺周期的基础上，你坚信一定会生产出让终端用户满意的产品，并不断提醒你的团队，更重要的是，不断提醒你自己。

记住另一个模式。经常比较。跟敏捷比起来，如果你用瀑布流模式做这件事，什么时候才能完成，会完成到什么程度？

练习赞美。学会理解赞美对于团队的价值：大家会积极地看待反馈和评估中的批评意见。他们将失败看作学习和成长的机会，并意识到能勇于公开剖析失败正是脆弱和开放态度所展示出来的神奇力量。

不要惩罚，要坦诚地沟通。改变企业中的批评和制裁文化，构建重视"人的实践"理念，并通过心理安全来减少人力负债，这样的公司才会取得成功。当出了问题，就在清单上把这个问题划掉。这个做法很有趣。然而，有很多因素导致了人们将保护员工心理安全当成了委婉的沟通或保持"态度友善"。如果没有诚实、敞开心扉的对话，敏捷将毫无效果。相信躲在计算机背后的对话是恐惧的表现；相信坦诚的沟通会得到对方的接受；相信这样的谈话不仅受欢迎，而且对团队有建设性，这才是敏捷所需要的勇气。

尽管最后这一条不是立竿见影的解决办法，但我相信它是不可或缺的。也许它不会帮助我们用新潮的工作方式替换旧的，但这是我们唯一值得深思熟虑的继任计划——改变思维模式，让我们的下一代如何在不受"企业炎症"的影响、与自动化竞争的情况下，使自己变得不可或缺。

三四十年以后职场人士可能会形成规范的、有条理的思维方式，但现在，我们都应该卷起袖子行动起来，真诚互动，互相学习。

敏捷超级英雄

不可否认，我们很容易爱上那些真正拥有敏捷思维的人。这些人可能不会四处炫耀，但他们都不约而同地表现出高智商和极为灵敏的思维。具体表现如下：

- 对海量的知识碎片表现出自控力。由于速度是学习和输出知识片段的关键，因此这个过程值得慢慢品味，开心庆祝。
- 与变化共依存。尽管这违背了我们对安全和保障的需求，但我们一旦理解并接受"不变的只有变化"的道理，就会重新改变大脑中的想法，去迎接变化。
- 真正思想开明。最初提出的假设很有可能都站不住脚——这就是它们甚至不应该被提出来的原因。
- 随时承认自己也许错了。不然怎么学习呢？这是基于"现在"的情况，针对"这次"的问题，在团队面前承认做错了，而不是向全世界认错。因此，他们信任他们，依靠他们。
- 要有信心。相信自己的愿景、目标会实现，也相信在实现目标的过程中一定会有家人陪伴。
- 勇于承担个人责任。自立与成长依赖于内心坚定一致的道德标准。

- 亲密地"接触"产品的最终消费者。始终记得消费者需求变化如此之快，期待值如此之高，任何产品的成功都是短暂的。
- 远离爱抱怨、爱唱反调、爱谈理想的人。他们只想看到自己想象的事情发生，并不在乎真实的结果。
- 做一个不折不扣的完美主义者，执着于追求更好。
- 做一名运动员——既擅长短跑也能跑马拉松。拥有超人般的韧性和耐力。
- 拥有巨大的勇气去真实地、自发地展示脆弱。
- 有浓浓的人情味，对团队有超强的同理心。

在商业环境中，没有什么比这些更违背直觉了，上述各项与我们以前所学知识、所做事情完全不同，当然也远远超出了敏捷的要求。但与此同时，没有什么比这些更能保证一个人接近或最终取得成功，这也难怪会有那么多的阻力。

以下事实可以证明你已可以"正确地应用敏捷"：

> 当你做了一个 180 度的转变，放弃你认为的好产品，只因为顾客反馈让你这么做时，你赢了。
>
> 当你承认犯错误时，你赢了。
>
> 当你交付任务的速度比自己期待的要慢，但你意识到了，那么你赢了。
>
> 当你改变或转向时，你赢了。
>
> 当你从失败中吸取教训时，你赢了。
>
> 当你回到起点时，你赢了。

当然，能做到以上这些对我们来说是极其困难的。我的建议是"当世界上其他人都在努力实现各项内容并加入敏捷时，你也要坚持下去，不要灰心"。对那些不想加入的人，我要说："醒醒吧！"如果我能说服每一家企业的每一位高管都加入敏捷，我一定会去做。这也是为了他们好。没有哪个行业、哪家企业或哪个人，在被这个快速发展的世界甩在身后时，仍然傲慢地相信，坚持古板的做法和线性的思维模式可以保持快乐。

如果刚好读到这里，你就是上面提到的人之一，或者你是他们的朋友、家人或一起喝酒的朋友，你们当中需要有一个首席体验官（CXO），尚未体验敏捷但很有可能去尝试，我这里有一个体验的捷径：防止他们成为假的敏捷人，正视他们的想法和水平：

- 不要指望任何既定的公式，创造你自己的方式！
- 不要复制别人的想法，你毕竟不是他们。
- 不要寄希望于一切会过去，我们终将回到一个"在受控环境下的项目"（projects in controlled environments）的世界。
- 敏捷并没有过时。
- 不要指望委托他人，做自己的超级英雄。

敏捷、运维开发一体化、工作方式和减少人力负债

那么，新的工作方式会有利于减少人力负债，更好地协助这些敏捷的超人们构建心理安全团队并创造奇迹吗？这是人力资源部门或运维开发一体化部门应该关注的吗？

要了解它们之间的联系，我们得首先看看这两个术语之间的异同点，尽管我们即将使用不太严谨的定义，它从本质上也是哲学定义演变的结果。敏捷可被看作是对一系列实践和流程的描述，或被

看成是一套价值观和一种指导项目运行的全新思维方式（目前主要应用在软件开发中）。而运维开发一体化指的是一个涵盖了从开发和测试到其他运营功能的不同组织功能的综合目标，同时利用神奇的自动化功能重新定义组织。因此，乍一看，这似乎是一个战术与战略的对决：一个有关执行，一个有关愿景。事实上，术语的区别并不重要，敏捷和运维开发一体化都代表了一种思维方式，需要推动新的职场文化，与三四十年前所有公司经历的文化完全不同。因此，它们确实也意味着新的工作方式。

在我看来，证明二者关联的最好例子来自一个不是特别权威的文献资源——2019年发布的一份名为《加速：运维开发一体化的说明》（*Accelerate: State of DevOps*）的报告，该报告由一个叫作运维开发一体化研究与分析（Develop of Research and Accessment, DORA）的组织发布，该组织由三位行业明星——吉恩·基姆（Gene Kim）、韩捷（Jez Humble）和妮科尔·福斯格伦（Nicole Forsgren）博士领导。这篇报告调查和分析了硅谷的一些宠儿，比如谷歌和New Relic（企业软件分析公司）。在这一部分，当涉及员工的心理安全是否与其高绩效有直接关系时，他们重新测试了亚里士多德项目的研究成果，以此来验证这些发现究竟是"谷歌公司特有的"还是也能广泛地适用于其他公司。该报告显示，在其他那些在很多技术指标上都表现优异的"精英公司"中，员工的心理安全与其高绩效表现持续体现相关关系。（在2018年的版本中，表现优异的公司占被调查公司的7%，而在2019年，在速度和交付方面达到成功标准的公司数量上升到20%，这表明扎实的运维开发一体化以人为本的原则是有效的！）

这份报告至今仍是我最喜欢的出版物之一！因为它不仅以清晰的条目陈述其重要性，而且确保报告中均利用软件制作精良的可视化图表，达到了"数字精英"们期待的效果。

我认为，如果说埃米·埃德蒙森教授的工作已经将心理安全的概念放在了医疗领域的版图上，并在许多其他行业（如航空或制药业）提供了研究和成果。那么涉及软件行业，运维开发一体化社区也提供了很多研究成果，他们总结了谷歌公司亚里士多德项目的研究结果，出版了很多相关文献，这部关键的DORA报告便是其中之一。

如果你想在报告中找到关于心理安全的内容，直接去找一张关系图即可。心理安全文化是一切分支的起点。它对行业的真正含义是"如果没有把心理安全文化的方框放在最顶端，你就根本没有希望拥有生产力"。

对我来说，这份报告在很多方面都令我感动。不仅是"我早就说过"敏捷/运维开发一体化与心理安全之间的联系，而且更加确认了有很多优秀的人与我有共同的观点。这就像在森林里找到了独角兽的足迹。那些"觉悟"的人——那些利用新的方式思考、学习和合作并成为超人的人，就在我们身边。他们回应着这个调查，并正在努力使自己和他们的公司变得更好。这对我们来说并不新鲜，因为我们每天都会遇到这些人，但这些人的数量似乎比以往任何时候都高，这意味着已经达到了临界数量。

这份报告不是写给敏捷实践者或敏捷超级英雄们的，也不是写给那些已经离不开新的工作方式的人。它是写给所有需要数据和更多证据来证明这种工作方式的人。运维开发一体化运营状况报告的妙处在于，你要么相信它，要么拒绝它；你要么被它激励，立志成为优秀的数字化精英公司，要么干脆不感兴趣。但是如果你真的被它激励，那么就需要从组建有家人般氛围的团队开始，这个团队能够创造超级的工作效率，因为它拥有心理安全文化。

尽管DORA论文对我来说很棒，但它只是一份报告，并不是最能够令人兴奋的媒介。

最好的学习方式之一是讲故事。这对我们来说并不陌生。这也正是我在每次主题演讲中都反复提及的：除了阅读所有由埃米·埃德蒙森教授/博士写的关于时机与心理安全的书，布琳·布朗（Brené Brown）出版的所有书，以及一些必读书目，如《运维开发一体化手册》（The DevOps Handbook）、丹尼尔·科伊尔编写的《文化代码》之外，我们还应该认真阅读一下《凤凰项目》（The Phoenix Project）。

2019 年，当我发现了同样是吉恩·金撰写的《凤凰项目》的姊妹篇《独角兽项目》时，我难掩喜色。

《独角兽项目》讲述了一个与《凤凰项目》不同的故事，这一次的主角是被凤凰项目流放的女性首席开发人员玛克辛（Maxine）。在一次关于这本书的采访中，作者描述了自己的 5 个理想：①地方性和简洁性；②专注和喜悦；③日常工作改进；④以顾客为中心；⑤心理安全。虽然这 5 个理想的顺序并非按照当时作者本人讲述的顺序，但它们的分类却很有趣，也有争议。不可否认，作者在运维开发一体化领域极具影响力，该领域很多重要的书均由他撰写而成，他还撰写了很多极具变革意义的报告，明确指出重视心理安全绝对具有里程碑式的意义。吉恩·金无疑清楚这个话题的重要性——他是得到真理的少数人之一。我在本章开头提到的讲故事会引起读者的兴趣，吉恩·金也深谙此道，人们爱读的是故事，不是冷冰冰的事实，更不是一篇关于谷歌的研究报告。

随着人们对这个话题关注的热度升高，我们每天都能了解到越来越多的企业意识到了心理安全是数字化精英企业成功的基础，它与企业选择哪种技术和采用什么工作方式同样重要。以故事的形式将这个道理讲述出来，能够帮助我们更好地理解和推广。因为我们不仅需要领导者们明白这个道理——如果不明白，他们就不用假装努力成功了——而且公司中的每一个人都应对心理安全的重要性了然于心。

有趣的是，吉恩·金曾提到《凤凰项目》的目标读者是领导者，而《独角兽项目》的目标读者是软件开发者。我认为这是非常明智且必要的。他们确实都需要真诚的对话和承诺。

我致力于让每一家公司都去除的人力负债，从本质上意味着，我们集体给予了员工极不公平的对待——尤其是开发人员。我们将死板机械的流程与扼杀情感的绩效管理系统强加给他们，时常用冷漠的态度进行所谓的调研，却从不真正"倾听他们的心声"。我们不关注能够让他们充满快乐和干劲儿的团队氛围，总的来说，就是不关心员工的幸福。这样的后果便是，当公司要求员工全力以赴，共同迎接充满美好未来时，他们根本不相信。至少在一开始的时候就不买账。

这就是为什么上文提到故事和报告中的结论至关重要。因为它们已清楚地说明，如今企业必须把这些重大的文化变革作为生死攸关的商业命令，而不仅仅是口头上的道德承诺。因此，为了应用敏捷来减少人力负债，我们需要每个人都真心接受敏捷，使团队里有更多勇敢的超人，拥有心理安全感和高情商。他们会让团队绽放出那道光，创造奇迹。

第二章 程序与人——敏捷、工作方式与思维方式

第三章
团队与探寻高效能之路

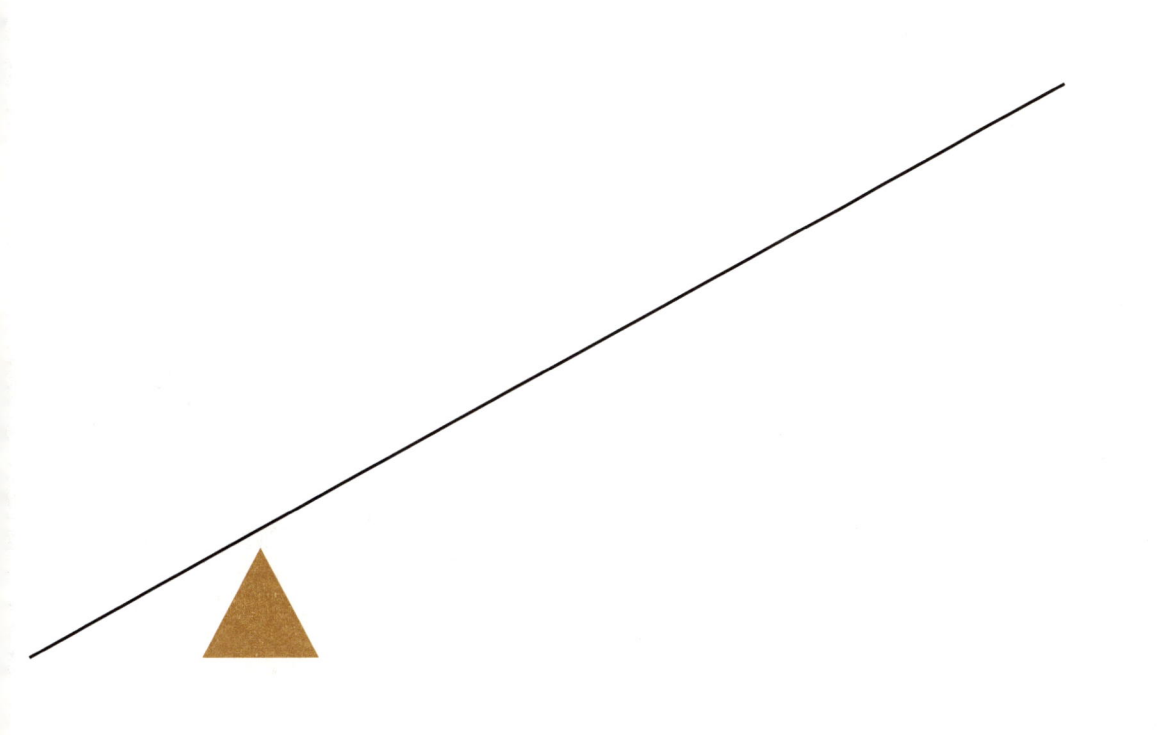

什么是团队？

在探讨究竟什么能壮大公司和发展员工之前，我们必须首先了解"团队"的概念，因为团队是最容易受到影响并能最快做出改变的组织，前提是我们理解动态的变化并能够培养团队正确的行为。

关于"团队"这个概念的有趣之处在于，人们对它的感受多于对它的理解。当我们作为一个紧密团结的整体，齐心协力"创造奇迹"的时候，团队中的每一个人不但能深刻理解还能铭记在心。

如今，世界各地的课程中（包括华盛顿大学有效团队协作系列课程之一），对"团队"最常见的定义是：一群具有不同技能与不同分工的人，合作完成一个共同的项目、服务或目标，他们在团队中紧密配合、相互支持。根据这一定义，许多大大小小的团体都可以视为团队。这一概念在教育、体育、国防或社会活动领域更加明确且用途广泛。

康奈尔大学关于"工作小组和团队"的研究表明，给"团队"下一个准确的定义绝非易事，而哪一个领域负责这个概念的界定，更是非常困难，他们说：

> 发生在工作基层组织的持续变革吸引了研究人员的注意，因此出现了很多关于团队运营的新理论，相关的实证研究不断增加，对丰富的研究成果进行分析的综述文章也层出不穷。与此同时，团队研究的轨迹也发生了变化。根据该主题的研究历史，最初少部分的研究一直以社会心理

学为中心（McGrath，1997）。然而，在过去的 15 年里，对小组或团队的研究越来越集中在组织心理学和组织行为学领域。事实上，莱文和莫兰（Levine and Moreland, 1990）在对关于小组研究的大致回顾中得出了一个结论："对团队的研究仍然活跃而且成果颇丰，但一直没有在它存在的地方引起重视……"现在火炬已经传递给其他领域的同行们（更准确地说，是由他们主动接过去的），也就是组织心理学领域。

因此，自从在 20 世纪的管理实践中首次提到这一概念，在职场环境中，"团队"概念在采纳、应用和重要性方面，一直经历着起伏。

《重塑组织》（Reinventing Organizations）的作者弗雷德里克·莱卢（Frederic Laloux）对"团队"的概念在职场环境中的演变做了一个非常生动的描述。他在纪录片《想象中的小队》（Squads by Invision）的采访中解释说，在部落社会之后，首个现代团队的概念是随着农业革命发展而来的。团队最初具有狼群的特点，所有活动由一个头目负责统领，工业革命后，团队又增加了具有军队式等级结构的特点。随后弗雷德里克·莱卢又提出，一直以来，在商业世界中的领导模式就是要求员工盲目地执行命令并追随金字塔顶端的人，直到在过去的三四十年里，敏捷和精益的工作方式开始挑战人们对组织结构的认知以及他人领导自己的方式。

如今，在真正的敏捷组织中，其组织结构要扁平得多，主要包括分队（pods）、小队（squads）、部落（tribes）或只有几个人的临时小组。他们自发组队，并在需要时与其他团队合作，从而加速工作进程。当审视我们经常提及的人力负债时，其中很大一部分问题可以追溯到我们对"团队"这一概念的态度上。

多年来，当我在世界各地谈起人与团队时，我都体会到了二者的脱节。不论是在来听我主题演讲的数千名观众的脸上，还是在一个新的对话伙伴的眼里，我都看到了他们的无动于衷与兴趣索然。仿佛它还不足以振聋发聩或尚未发展成熟。我只能假定人们如此的反应是因为"团队"作为商业术语被过度使用的结果，以及在很多公司的文化中，只对团队中的英雄或表现好的个人大加奖励——经济奖励和荣誉的认可——是对团队极大的伤害。

为了应对大家的冷漠与疏离，我发了一张幻灯片，上面只有两个词"团队=家庭"。此时，大家的反应很明显是完全认可的。上边的每一个词都没有失去它原本的意思——相反，每个词都是对人类固有的最重要的词之一——现在二者有一个假定的联系，即由等号带来的即时联系。通常情况下，此时观众的反应立即变成了难以置信的微笑或干脆对我翻白眼。许多人还会立即调侃道："哈！你又不了解我的家人！"这让我有机会进一步解释团队和家庭之间的联系："相信我，我了解。我们都有一个这样的家庭，也许不总是彼此相爱，也并不是每天都充满欢声笑语，但我们相互扶持，一直无私地把对方的幸福当作共同的目标而努力奋斗。你在工作中的团队里也应该有这种家庭般的感受。"

丹尼尔·科伊尔在他的《文化密码：高度成功群体的秘密》一书中写道，他问过很多不同团队的人，会用什么词来描述自己的团队。他们在回答中反复提及的就是"家庭"。提及"家庭"的次数远远高于其他词，如"朋友""部落"，甚至"团队"。这非常有意义。当被问及原因或进一步解释时，似乎所有人都提到，当与团队在一起时有一种"神奇"的感觉："我很难解释，似乎一切都是对的。我曾好几次想要离开，但我却一次次地回来。没有任何感觉能与之相比，团队里的每个人都是我的兄弟。"

这种"神奇"的感觉，实际上就是心理安全。

有些人完全反对团队的理念。尽管在为写这本书做研究的过程中，我一直在挑战自己，要对那些围绕着个人主义看似离谱的观点抱有同理心。我也挑战了将其他材料中零散的信息整合成抽象观点的能力，其中一个观点便是那些性格内向和讨厌社交的人不会被迫与人合作。

我经常听到有人说，我们被人为地归入一个团队结构，被强迫阅读关于团队的各种概念，学习关于从团队如何形成到如何表现（或不表现，视情况而定）的各种理论。尽管如此，我仍然相信团队是人类最神奇的集体表现形式。

尽管我们努力要给团队下一个定义，但其实团队本身就有一些共同的基本要素，如"信任"、"协作"、"友善"和"共同目标"。因此定义"团队"概念的诀窍也许就是，不要尝试给一个确定的定义，而是让它变得更加个性化。你需要团队中的每个人对团队有自己的明确理解，只要团队基本要素不变，即使他们的理解大相径庭也不要紧。一旦你发现了一个团队的本质并不是人为构建的组织结构的别称，而是包含上述基本要素的一种组织模式，你也会在其他任何团体中发现相同的特点。

一个临时团队的例子是，当发现有人在街上病倒，很多人会停下来把患者送到医院救治。此时，从施以援手的好心人，到参与救治的医生和护士，他们立即进入"合作模式"，根据需要来传递和接受任务，信任彼此的善意，并清楚他们共同的目标是尽可能地救治患者。

有些人因为其他人的存在而发展进步，很自然地与人合作，在前期投入更多的信任和善意，并能够保持对目标的坚定信念——这就是传说中的"善于团队合作的人"。而另外一些人则认为，正是因为有了其他人的加入，很多事情才变得难上加难。双方要努力消除彼此的差异，达到成为"一家人"的程度。而这对一些人来说，他们则需要比其他人花更长的时间去实现。

在谈到团队时，有一件事很少有人谈及：稳定性和长期性。这常常与职场中职业安全感和不惜一切代价留住人才混为一谈。但这确实是团队得以建立并能够共同成长的一个极其重要的因素。在团队真正能够开启"执行"模式足够长的时间之前——这里"足够长的时间"对于不同行业是不一样的，其中一些行业，临时组队也是有可能的——这些团队未处于自己的最佳状态。

在大多数商业环境下，团队的稳定性一直是难以实现的。大量证据表明，团队急需稳定和坚实的结构。从公司的长期绩效数据到《哈佛商业评论》（*Harvard Business Review*）也能找到很多例子。《哈佛商业评论》在 2019 年就曾经引用过美国宇航局（NASA）的一项研究。该研究将机组人员分成两组，一组整队处于疲劳状态，成员之前有过合作经历；另一组经过充分休息，但彼此之前从未合作过。研究结果表明，第一组飞行期间所犯的错误仅为第二组的一半左右。

现代团队和新的工作方式

我们可以从以下几方面来分析现代团队的概念——团队的形成方式、规模和类型、共同的目标或所处行业，以及组织和运作的方式。

说到术语，新的工作方式——特别是敏捷——给团队的概念带来了大量的新名词，尤其在软件开发这个新思维和新方法被广泛传播的领域。我们有"小队"、"部落"、"分会"（chapters）、"碰头组会"（huddles），等等。一般来说，它们都是指小型的、灵活的、扁平结构的团队，团队成员一起从尚未完成的任务中挑选要做的事，并根据敏捷的框架或理念（如 Scrum 等），在扩大工作能量的情况下进行工作。特别是"小队"这一概念，据说是由世界著名的敏捷教练亨里克·克尼伯格（Henrik Kniberg）首次提出，起初是为了在工程领域普及高效团队的理念。小队的概念在声田公司取得了巨大成功，并由此产生了"声田模式"（Spotify model）一词。如今，它已成为具有分散、跨职能且高效自主特点的团队的同义词。

从规模上看，无论大小，任何为共同目标进行互动的团体都可以称为团队，但越来越多的研究表明，高效团队的规模有一个自然的分界点。亚马逊公司总裁杰夫·贝佐斯提出的著名的"两个比萨"原则，源于他的真实感受以及对集体决策的不满（人们在开始选择某种工作方式时，通常采用团队中占主导地位的思维模式而完全忽略了个人意见，从而导致决策失误）。这与许多研究和实验得出的结论一致，结果显示，高效团队的最佳规模应大概控制在5~8人。"团队规模越大，其运行中的障碍就越明显。"J. 里查德·哈克曼（J. Richard Hackman）曾直言不讳地说。

哈佛大学社会和组织心理学教授埃德加·皮尔斯（Edgar Pierce）是团队研究方面的权威专家，他的整个职业生涯都在研究团队的智慧。他曾经说："大型团队通常最终只是在浪费大家的时间。原因很简单，在任何超过8人的团队讨论中，需要维护的连接会呈指数级增长，因此它会变得不可持续。这是对生产力的消耗，并使团队规模成为一种负担。"

在一段采访中，Scrum 公司的创始人杰夫·萨瑟兰（Jeff Sutherland）强调，在目前的工作结构中，10人的团队"根本不起作用"，而那些拥有7~8人和9人的团队的表现却有很大差异。7~8人的团队表现明显改善，其次是9人团队，生产力也随着团队人数的增多而明显下降。

就具体行业而言，团队的概念已超出了某一具体领域。特别是在以敏捷作为工作模式的现代数字化环境中，团队在各自的领域都很活跃。唯一需要考虑的是团队协作时间（有些团队需要进行即时的团队合作，例如在紧急服务或医疗领域）以及该结构整体维系时间。

当涉及系统、流程以及工具时，助力团队的"华丽装备"不断增加。根据硅谷巨头公司的报告，他们持有数千种赋能软件包的许可证，以帮助公司团队高质量地完成各项任务。在现代团队领导们的"装备库"中出现的各种时髦的概念，足可以证明它们是助力"人的实践"最宝贵的工具。例如，"亚马逊备忘录""文化黑客马拉松""精益咖啡""私人头脑风暴""谷歌的对话式轮流发言""允许失败的价值观""不抱怨文化""冲突训练"等，这些理念都在消除严重不健康的反面模式过程中，发挥了作用。比如阿特拉斯公司（Atlassian）提到的"非结构化""抱怨""消极""微观管理"或"无聊/心不在焉"等互动模式。

最重要的是，各领域中的现代团队，都应高度重视人的重要性，避免只关心枯燥的数据，而要加强对健康、家庭和团队魔法的关注。

领导力 2.0

如果我们花时间研究了所有必须改变的工作方式，并认可团队是促成改变的最有效的组织结构，那么我们就不能不谈一谈"领导力"这一概念。

领导力是一个很大的话题，本书并不打算深入剖析它的含义，但是如果我们需要花些时间思考团队以及如何使其发挥最佳的功能，就不可避免地要先聊一聊领导力。我们必须评估完全自主团队对领导力的理解。当团队需要与组织的其他部门沟通时，他们是否真的需要领导力或现实生活是否有可能发生呢？团队没有领导，就不会有被人"扼住要害"的可能性，当然也不需要有人为团队冲在前面扫清障碍；这个想法明智吗？团队中不需要有专人负责让工作走上

正轨，也不需要有人专门为生产部门提供支持。这是一个好主意吗？

对于那些团队中不应该有任何类型"领导"的观点，我们研究得越深入，越会发现这个观点是不切实际的，尽管从理论上它听起来很吸引人。人们喜欢完全独立、不用写报告、享有绝对自主的想法，但与此同时，人们还需要组织提供支持和帮助，那么这个问题该如何解决呢？

答案就是我们需要一种新型领导力。在这种理念下，领导者只负责支持各部门的工作，其功能是纯粹的协助，绝不是设置障碍。他们善解人意不会百般刁难；他们善于鼓励不会强加控制；他们鼓舞人心而不会发号施令。现代领导力最重要的主题，我称为"领导力2.0"，一定具备以下本质特点，那就是从快乐、自愿和成长的角度，而不是从限制的角度进行领导。

● 命令型领导与服务型领导

罗伯特·格林里夫（Robert Greenleaf）在五十多年前提出了"服务型领导"一词。实践这种新的管理理念的机构，源自他在1964年创立的"格林里夫服务型领导中心"。该中心旨在帮助人们进一步了解他所认为的更有效的商业实践，因为这些实践关注员工的需求，并使员工积极投入和创新。

很多人都在谈论服务型领导的无私本质，这使这个词被抛到了职业领域，远离了商业现实。虽然没有人质疑服务型领导必须对自己团队以及团队目标给予充分的情感投入，但这并不意味着他们为了服务就要不断地自我牺牲。其中的要义是，他们认为服务是更有效的做事方式。

我们都清楚，要想获得成功，就不得不依靠他人。当我们能够利用他人所能带来的最好支持时，我们会更成功。按理说，简单地要求别人做最好的自己，远不如为他们构建一个可以实现自我提升的环境来得有效。对服务型领导来说，团队成员的需求是第一位的，因为如果领导们满足了这些需求，那么员工就能实现高绩效，进而实现整个企业的胜利。这不只是一个听起来不错的选项，也不是为了在道德上添光增彩，它是一个明确的企业需要。

强生公司（Johnson & Johnson）是将服务型领导作为核心价值的最成功典范。得益于这种理念，他们由此获得的商业胜利有目共睹。从个人角度来看，无论我们今天处于公司的哪个级别，在成年后的大部分时间里，我们都有领导。和人类在其他领域与他人的互动一样，工作中我们与上级的关系有趣且复杂。很多时候，当我们认真审视它，其中也充满了挫折和恐惧。而我们经常下意识地模仿上级的行为，才是导致这些问题一直存在的原因。

总的来说，我们都认为管理层是依据模糊的损益关系获得报酬的。从某种意义上说，根据管理层对待我们的方式和自身的感受，如果说管理者们是通过管理的苛刻程度来获得报酬的，我们也不会感到惊讶。难怪我们一听到领导对自己说，"我能帮上什么忙吗？"就只会愣在那里，心想这句接下来应该就是负面评价的开始。

我们是否真的相信，领导说的"我能帮上什么忙吗？"是一个期待你回答的开放式问题吗？他们是真心想要帮助我们消除工作中的阻碍吗？不太可能。Scrum 管理专家就是一个明显的例子，他们的工作并不意味着管理，而是为了保证团队工作正常运转而为他们提供帮助。事实上，《敏捷开发宣言》的第一批签署人之一杰夫·萨瑟兰就公开反对命令和控制，他认为这种微观管理的模式，会导致整个团队成员的智商下降 10 分。

当然，同样的概念也存在于"服务型领导"理念的背后。领导者的作用不是管理和苛责，而是促进和减压。随着领导的焦点从控制转向助力，领导者应随时准备提供帮助，而不是时刻的监督和为

难。然而，在职场中的一些地方，真实发生的却正好相反，领导者从故事中的英雄变成了恶棍，更加夸张的是，他们自己也接受了这种设定。那么如今的"管理"充斥着高高在上、忙碌、冷漠，更多的是愤怒，就不足为奇了。

● 外部动力

在这样一家公司里，一项任务被规划到遥远的未来才能完成，少数人指定任务的内容，而多数人只能按照既定顺序执行，没有表达异议的空间，甚至没有基本的对话。一旦命令和要求下达之后，如果得不到执行，就得有人离职，所以领导者越令人生畏，工作效率越高。

如果我们重新设计领导们赚钱的方式呢？如果不能让每一个下属满意，他们就无法退休呢？如果任何一个领导对他本应解决的问题置之不理，就不能获得奖金呢？如果他们每次真正帮助他人都会得到奖励呢？那么我们还会相信他们吗？我们是否能够真正甩掉长期存在的"我们与他们"的对立关系，并"接受"他们真的在为我们服务？

● 内部动力

在"服务型领导"的定义中，称其为"颠覆了常规管理"。这是怎么回事呢？为什么控制和不服务变成了"常规"？

对我们当中的一些人来说，领导能力是第二天性。而对其他人——可能是大多数人，不得不经过努力才能做到这一点。那些天生就是领导者的人，本质上也是乐于助人的人。他们知道真正的服务他人是非常有价值的。而那些"其他人"，只会靠数字去领导，并不具备真正领导者所拥有的同情心、同理心和情感投入。

不管一个人是否天生就适合当领导，我们都坚信，成为服务型领导是一件体面的事情。这当然也是正确的、符合道德标准的与人相处的方式——帮助、支持、平易近人——如果现在我们就被明确告知，违背我们做人的体面和本能，企业注定走向衰落，而选择成为服务型领导一定能让企业受益，那么这样解释领导力终究要关注人的需求就说得通了。对我来说，这是敏捷让我们更接近人本身的另一种方式——通过要求我们成为服务他人的领导者，而不是挥舞鞭子的监工。

布法罗大学管理学院（University at Buffalo School of Management）于 2020 年 1 月发表的一项研究表明，服务型领导不仅能明显提升商业效益，而且会带来意想不到的附加值——多样性。女性在服务型领导这一角色中，始终表现得更胜一筹，这有可能是女性作用的刻板印象的结果。不同的性别在管理岗位中所发挥的不同作用的相关研究成果丰富。在流行文化中，人们对男性的刻板印象是"优秀领导"的代名词，但这存在于陈旧的"命令与控制"为主导的管理模式中，因为以上研究已概述了女性在服务型领导方面的一贯良好表现，这就表明，推崇大男子主义的铁腕领导风格的时代正在消失，如今我们更应该普及领导力 2.0 的价值，其核心是重视人的价值，培养能量和提供真正的帮助。

对于那些愿意学习并想发展成为领导者 2.0 的人来说，要学的东西，要思考的问题还很多。关于这方面的指导，最具影响力的是凯伦·费里斯的理论和她出色的工作。她教导我们作为领导者，只有改变我们的思维方式才能带来有效且实际的改变。去找到她以及和她一样善于指导的导师们，并让他们帮助你"改变常规"，因为如果不经常对所谓的"常规"进行反思，从长远来看，它只会对你有百害而无一益。

最重要的是，你需要在实践中定期审视自己，扪心自问：作为领导者，我们是否做好了服务工作？我们是否能保持积极、开放、起促进作用、设身处地为他人着想？我们是否能找一切机会为他人

清除障碍？我们是否能不辞辛劳地专注于团队的幸福？我们是否能一直努力冲在困难最前面？如果我们自己没有做到，又如何指望我们的团队能获得胜利呢？如果团队无法胜利，那我们又该怎么做呢？

"经理"如果不能成为领导者，那就忘了那些固有看法，举起手来承认自己只是普通人，并没有比团队中的任何人更聪明，此时若不是专注与团队成员建立更紧密的联系，理解他们，倾听他们，那么我们早就失去了带领团队变强的机会。与我们工作中的团队比起来，人们在临时团队中，更加能够感受心理安全和彼此之间的紧密联系——特别是在危急时刻。这对公司和我们自己来说都是一个巨大的损失，能够避免这个损失的只有高情商的服务型领导和有益的人际关系实践。

组建期——团队启动，文化画布，团队契约和蜂群式管理

谈到在团队中如何团结所有成员，它是一蹴而就的线性过程，还是像一些学者建议的那样，是一个复杂的过程？诸如埃米·埃德蒙森教授所著的《组队》（Teaming）和海蒂·赫尔凡德（Heidi Helfand）的著作《动态重组》（Dynamic Reteaming），都提出团队合作是一个生动的、循环的和极易变化的过程。更多的是涉及思维方式而非简单的组织结构概念。最大的可能是，在团队最初形成机制的阶段，就已经具备了对团队合作的理解：让成员们成为"家人"，让团队"创造魔法"。

虽然关于团队机制和行为的理论数不胜数，但其中最坚实的理论之一解释了一个团队的发展进化遵循"组建期—激荡期—规范期—执行期"的发展模型。该模型于 1965 年由布鲁斯·塔克曼

（Bruce Tuckman）首次提出，根据他的说法，每个阶段都是团队发展的必经之路，可以帮助他们面对挑战，解决问题，找到解决方案，制订工作计划，最终取得成果。简而言之，它主要针对的是人们聚在一起的方式，以及他们在一起时的行为，和对协助或指导的需求。

"组建期"（Forming）阶段的特征往往是工作混乱、成员缺乏共识或高涨的工作热情，整个团队充满不信任和谨慎。在这个阶段，团队最需要有针对性的指导。

在第二阶段，即"激荡期"（Storming），团队成员已经合作了一段时间，一些惯例已经形成，之前的一些试探得以验证。在这个阶段，成员之间在明里暗里都会发生冲突，每个人都试图确定自己在团队中的地位，会发生"地位之争"，和对团队资源的争夺。这个阶段也非常需要领导和必要的指导，当然，必须是具有协调性质的领导和顾问式的指导。如果指导得当，支持到位，团队就会在激荡期从不断的冲突中学到宝贵经验。

接下来，当团队真正进入状态并开始初创佳绩时，就进入了"规范期"（Norming）。在这个阶段，团队成员在一起已有一段时间，冲突已得到解决，在发展亲密关系和彼此信任的同时，他们开始寻找提高工作效率和绩效的方法。从管理（或人际关系实践）的角度来看，这一阶段需要促进——特别是，维护每个成员的反馈渠道，以及团队形成敞开心扉、自由表达赞同或反对意见的良好习惯。

最后一个阶段是"执行期"（Adjourning）。它的含义很清晰，团队在这个阶段"大步前进"。他们开始适应有效的工作程序，这些程序也体现了最初制定的团队契约。因此，团队沟通顺畅，目标明确，工作高效且富有成效。这就是"团队魔法"，几乎不需要任何管理干预。

关于团队自主性，有人提出如果团队仍然有管理的需求，那么这种自主性只会越来越弱，因为他们可以使用一种群体智能实现几乎完美地完成工作。在《众人的智慧》（*The Wisdom of Many*）一书中

"蜂群"被命名为"蚂蚁式管理"概念的一部分，意味着职能团队确实可以从蚂蚁的智慧中得到经验，蚂蚁总是能找到有效的合作方式，成为高效的蚁群。书中将以下条件列为自我组织结构的先决条件：做事动机、独立性、多样性、知识分散性、沟通和没有中央控制。

显然，这些话题非常广泛，这也解释了为什么我们很少发现有公司找到了构建全面自主团队的模式。如果我们回到第一阶段，就会发现在团队成立之初发生的事情确实至关重要。

哈佛大学的理查德·哈克曼发现："一组人首次见面时发生的事情会对这个团队以后的运行方式产生巨大影响。事实上，任何社交体系开始的前几分钟都是最重要的，因为它们不仅确定了团队未来的发展方向，而且确定了团队领导者和成员之间的关系，以及对基本行为规范的预期和实施。"

关于团队组建必要条件的理论众多，不同作者在自己的著作中提供了很多最佳实践案例。但在我们看来，最有效的理论是 Scrum 的"团队启动"概念。这不是对某个阶段的简单描述，而是一种实践体验——一个关于如何设计各自团队向前发展的交互行动计划。很多时候，这个活动会持续一天，在某种程度上与 20 世纪 80 年代的团建活动极其相似——它将所有的团队成员聚集在一个房间里（或一个虚拟空间，但这通常会更难），并要求他们一起完成一系列练习，共同创建一个可以全身心投入的团队。

很多时候，团队也会组织设计以人为本公司的模拟实践活动，活动中会邀请新成员与大家一同描述，并对一套行为规范和可行的做法与他人达成共识，这有助于他们在团队中成功融入，同时也给予新成员一定时间逐渐认同团队的奋斗目标和发展愿景。

对于第二项活动，使用文化画布不失为一种有益的尝试。因为它有助于每个人构建自己的想法，即团队共同未来在何处，选什么词描述才最适合，整个团队的共同想法和信念在哪里，以及成员的共同福祉是什么。通过逐步揭示以及绘画的方式，这种全新的现代方法对传统的"使命宣言"进行了更加明确的表达。

通常，画布所引发的对话是实践活动中最有价值的部分，因为它能直观展示团队成员对世界的深层看法，以及对于联合工作的使命。对话还可以让团队成员迅速调整他们对彼此的期望，学习其他成员展示思维方式的过程好比是上了一门速成课程。这对由从未合作过的人组成的团队来说极为有价值。

一旦价值确定、愿景规划好，团队成员就可以转向更实际的问题：找到彼此合作的最佳方式。这可以被称为"契约制定"，包括讨论每一个操作层面的问题，从管理项目所采用的方法，到工作流程的确定，还包括团队内部沟通以及与公司其他部门的沟通方式，以及选用什么具体的工具和系统。鼓励各团队在模拟实践活动中形成一个具体的"团队契约"文档，这些文档不仅可以作为有用的内部参考资料——特别是在"激荡期"阶段——也可以作为与其他团队互动时的外部资料。

这些团队启动活动通常由团队以外的协调者（如教练）与团队领导共同组织，但是有经验的团队领导往往情商高，之前已经历了几个团队的"组建期"，在与其他团队协作的过程中，具备了很强的组织人际关系实践的能力，他们能在活动中轻而易举地"留出空间"，让团队成员一起思考。

激荡期——健康的冲突，真正的对话和团队功能障碍

团队发展的第二阶段——"激荡期"——通常被视为最危险的

阶段。这是因为它涉及人与人互动中最难的部分之———冲突，和不惜一切代价避免冲突的决心。尤其是在职场环境中，冲突导致了很多破坏行为。团队成员通常不愿直接说出自己的想法，因为害怕会加剧冲突，从而导致不良团队规范所体现的体系问题。毫无疑问，这使团队再也无法提高工作效率。

在关于组织发展的经典著作《团队协作的五大障碍：一个领导寓言》（ The Five Dysfunctions of a Team: A Leadership Fable ）中，作者帕特里克·兰西奥尼（Patrick Lencioni）概述了团队可能面临的最大挑战是：缺乏信任、害怕冲突、缺乏承诺、逃避责任以及缺乏对结果的关注。

即使通过团队重启活动中成员们合作付出的努力，他们已经历了一段健康的共创过程，彼此为了共同的愿景而紧密团结起来。很有可能的是，每个人心中的目标都只是理论上的。为了实现他们对共同规划的目标的承诺，他们需要深入研究每个人对于工作的真实态度，这通常也包括相互冲突的想法。如果他们不能控制冲突并将其转化为积极的和具建设性的实践，团队将缺乏公开表达反对意见的能力，也可能因此永远无法履行承诺和责任。这些功能障碍形成恶性循环，导致信任缺失，团队高绩效无法实现。

一个团队能够保持100%的开放和诚实，员工之间直言不讳、敢于展示脆弱和不惧怕冲突的沟通方式，是保证团队顺利发展到"规范期"和"执行期"的基本条件。如果他们错过了这关键的一步，将会引发对团队利益有害的一系列不良做法，与那些已经找到了以健康方式处理冲突的团队相比，他们这条藤将永远不会结出果实。

学习如何进行公开辩论，不过分地针对个人；学习如何在激烈的意见交锋中保持对彼此的尊重；不会特意争强好胜；在著名的理念——"激进的坦率"（radical candour）的指导下，也能时刻保持同理心。这些都是团队在"激荡期"阶段获得的非常有价值的技能。

它可以避免兰西奥尼提出的团队功能障碍（Lencioni's dysfunctions）继续恶化。阿特拉斯安公司❶（Atlassian）和爱彼迎公司等公开承认，他们非常陶醉于这一阶段，因为相比于其他阶段，成员们通过公开对话和辩论收获了更多的知识。

团队在"激荡期"的宝贵经验中学到了直接表达自己的想法是可取的，而且是一种真正的价值。他们也感受到了在社交圈子中，有一个可以真诚对话的避风港。他们不会认为敞开心扉陈述自己的观点是冒险的行为，从而为构建心理安全奠定了基础。

规范期、执行期和高效执行：组队和重新组队——团队组成与团队动态

在塔克曼的团队发展模型的最后两个阶段是"魔法出现"的阶段。显然，没有团队可以跳过"组建期"或成功地避开"激荡期"的任何步骤，但这两个阶段在提升生产力方面几乎没有什么价值。团队成员很可能在第一天就被要求开始工作，而且很少有团队在工作之前有足够的时间准备，就连组织团队启动活动的机会都很少。现实情况是，至少在"规范期"之前，团队的表现都不尽如人意，而到了"执行期"之后，团队的潜力才可能得以充分发挥。

很多事情在"规范期"变得更加容易，在这个阶段，每个成员都兑现了承诺，对团队的目标早已了然于心，已经找到工作的良方和有效沟通的方式，团队工作起来速度快、表现好，此时，整个团队都会集体松一口气。超快的工作速度和为共同利益奋斗的感觉很

---

❶ 澳大利亚的一家软件开发商。——译者注

可能令人陶醉。团队中伙伴们可以完全信任彼此，他们是一个强大的、富有成效的、有凝聚力的团队，他们也开始适应新的共同拥有的成就。

在"规范期"，对团队领导者来说，重要的是加强良好的人际关系实践，这在之前的团队契约中已有所提及。因为现阶段，成员更加依赖持续的支持，他们需要感知到自己的幸福。当然，这并不代表团队的精神和情感健康只是领导者的工作，也不是说他们需要到处去解决这种模糊的潜在问题，或鼓励一系列神秘的行为，他们需要做的远非这些。领导者在人际关系实践中所做的一切都应该是透明的。他们应该向成员们寻求帮助，让他们帮忙列出相关问题的纲要，或者在思考改进方法时，赞扬他们对团队有益的做法。

在"规范期"，在加强人性化方面的持续努力，不仅会加强团队成员间的联系，彼此获得更多安全感，而且会让他们相信，所谓的冒险其实是安全的，畅所欲言非常可取，他们能够——也应该可以——展现出内心的脆弱，彼此间坦诚相待。

如果有某个阶段，同时突出了熟悉感和成就感，那么团队有可能已经发展到了"规范期"，与之形成对比的是成员在前两个阶段可能对动荡感极不适应。需要特别强调的是，持续努力和高度关注在其他阶段同样重要。这些阶段本身并不是严格的线性发展模式，事实上，整个过程穿插着团队从"规范期"回到"激荡期"，或者在出现危机或不确定因素的时候，从"执行期"再跳到"激荡期"的情况。当有大量新成员加入团队时或团队偏离了最初的愿景和目标的时候，团队回到"组建期"就非常必要。一个优秀的团队领导者可以通过团队整体幸福感的下降或者成员投入度的突然降低，感知到发展阶段的变化。

尽管如此，"规范期"是典型的过渡阶段，它不像"执行期"是团队希望到达的目标。考虑到这一点，所有团队领导者都努力让自己的团队以最快的方式到达"执行期",并尽可能在这个阶段持续得越久越好。这是因为"执行期"才是团队的真实潜力得以实现的阶段,这一阶段的成果和成绩也可以清晰地反映团队实力。

团队相对来说不存在功能障碍,成员们相互依存,像一台运转良好的机器,给每个人带来极大的满足感。处于这种状态的团队将充分发挥他们的潜力,造就足以让全人类骄傲的伟大成就,从创造科学上的新突破到打破生产力纪录,他们是表现出色的"梦之队"。

我们经常听到有人谈论"梦之队",我们的第一反应是假定这一定与团队的构成有关。团队成员之间有一种特殊的联系,因为他们每个人,作为个体都有独特的性格,而他们在团队中能够恰到好处地融合在一起。

这样的假设并不稀奇,事实上,商业世界有很多证明团队构成力量的例子。据说,有一家公司热衷于"完美团队构成"的概念,以至于他们依据匹配算法的结果,聘请人员建立了一个类似的完美团队。但是对于工作,据说有一种可以把所有人以最好的方式聚集在一起的方法——商业化学理论。不出所料,测评报告差强人意。

在"人非技术"公司的网站中,我们非常努力地用自己的方式持续关注"梦之队"的话题,以至于我们创建了一个原型软件解决方案,以确保当不同背景的人以团队形式聚集在一起时有最好的匹配结果。这一切都始于我们对一个简单事实的极度愤慨——在一些公司,不管他们是否愿意承认,针对新项目组建的新团队,是通过一种既像虚无的艺术又像精确的科学方法组建起来的——在可用的人当中挑选出最好的。

在当今时代,我们可以很容易地从员工那里得到实时和深入的反馈,了解他们的兴趣和爱好所在,了解他们希望参与的事情,甚至测量在特定时间,他们的队友对他们是否有能力与其组队的信任程度。我们开发了一种机制,该机制以企业已经获得的关于员工的

数据为基础，更重要的是，基于正确的时间提出正确的问题所获得的新数据，使用机器学习算法为特定项目推荐适合的团队成员，然后对团队组建提案进行投票，以了解其他员工对推荐的团队的看法。这项工作结束后，高度投入和技能出众的个体便可以集合在一起，构建得到同行信任的团队。这才是一种将人聚在一起的全新方式。

在这个过程中，我们还花了很多时间测试配对软件的运行，试图找到一个足够可靠的软件来覆盖上面所描述的机制，我们还花时间想要添加能够匹配目标和信任的理论支持。然而，我们仍没有找到值得我们孤注一掷去投资的软件，就在我们为其中原因百思不得其解的时候，我们遇到了谷歌的亚里士多德项目。它让我们意识到，之前讨论的团队构成，甚至是让我们愿意孤注一掷的目标和信任，与该项目的发现比起来简直是毫无意义。团队的高绩效表现与究竟是哪些人组成了团队毫无关系，而与团队是否有心理安全感密切相关，这一点毋庸置疑。

亚里士多德项目

2008年，谷歌开展了"氧气项目"（Project Oxygen），重点是了解管理的作用和谷歌的优秀经理的属性，该项目概述了一系列优秀领导者的品质和行为，并证明了这些品质和行为对他们庞大的工程人员的重要性。谷歌进一步深入了解了他们的员工队伍，并试图发现什么能使他们成为高绩效人员，于是启动了另一个名为"亚里士多德"的项目。

谷歌对180个团队和3.7万名员工进行了长达数年的深入研究，并提出了一个关键问题——是什么让谷歌团队如此高效？

为了致敬亚里士多德的名言"整体大于部分之和",他们专注于团队,并称之为"真正的生产发生的最小组织单位,是创新想法得以构思并被检验的地方,也是员工体验大部分工作的地方"。他们进行了与"氧气项目"类似的深入研究。

该研究主要集中在谷歌团队的魔法如何实现了双赢:一方面,谷歌著名的魔鬼招聘为其提供了最优秀的人才;另一方面,谷歌也同样因为公平对待员工而为人称道。换句话说,他们希望结果能揭示公司是如何聘请到智商最高、经验最丰富的工程师,然后给这些人才提供休息舱、谷歌自行车和乒乓球桌,难怪他们能组成高效的团队。

"我们非常自信,我们能找到一个优秀团队所需的个人特质和所需技能的完美组合——一个罗德奖学金(Rhodes Scholar)获得者,两个外向的人,一个擅长AngularJS[1]的工程师和一个博士。瞧,梦之队组成了,对吧?"

"我们大错特错了。谁在团队中并不重要,重要的是团队成员如何互动,如何组织他们的工作,如何看待他们的贡献。这就是神奇算法的全部。"谷歌回复:"工作。"

如你所见,结果出乎他们的意料。上述因素——智商、经验、对目前工作环境的满意度——从来都不是一个团队成功的重要条件。相反,他们发现了高绩效团队的五个共同特征。可靠、目的清晰、结构完备、分工明确,最重要的是,他们都表现出高度的心理安全。

以下就是心理安全这个概念被发现的各阶段。自20世纪60年代以来,它由麻省理工学院的埃德加·沙因(Edgar Shein)和沃伦·本尼斯(Warren Bennis)首次提出,然后在20世纪90年代由于威

---

[1] 一款构建用户界面的前端框架。——译者注

廉·卡恩（William Kahn）的研究重新焕发活力，正如我们现在知道的，通过埃米·埃德蒙森教授的深入研究，心理安全的概念被固定下来，但在亚里士多德项目结束之前，它从未真正进入商业词汇中。

我们需要向谷歌的研究学习，因为该研究是建立在证明心理安全团队力量的大量证据之上的，并且从该研究中立即得出"团队"是最重要的结论，因为其他的组织结构，要么是低效的（个人），要么是想象中的（组织）。想要成功，我们必须找到通过心理安全给团队赋能的方法。这样，我们的团队就能保持在"执行期"的状态中，并在这个珍贵的、如家庭般的结构中创造奇迹。

第四章

心理安全——高效能的唯一杠杆

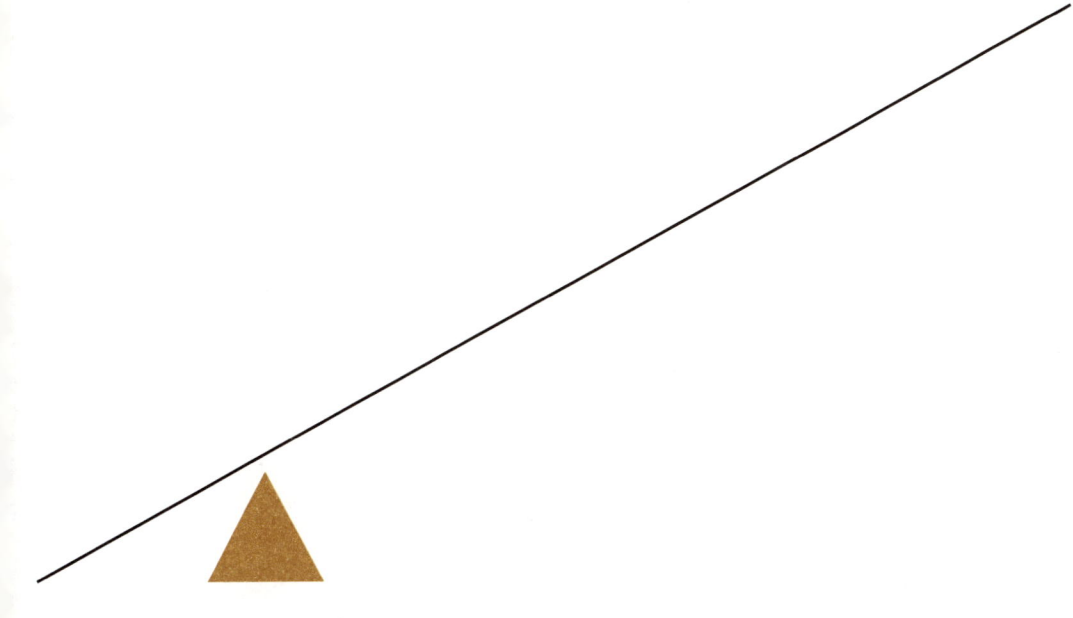

第四章

品德教育——全人里介
科十割

心理安全——高效能的唯一杠杆

在上一章中，我们了解了谷歌公司的团队创建方式，具体来说，团队由谁组成并没有很大关系，决定公司和团队成败的因素中最关键的是团队心理安全的健康活力。

这是一项研究更深入、表达更清晰的发现，但不是某个人或谷歌公司独有的，许多其他的"硅谷宠儿"，多年以来一直倡导关注员工，并通过促进一些相同的价值观和构建与之相似的愿景，实现对人的重视。

"我们是一家以人为本的公司"这个口号，可以经常在奈飞、苹果、美捷步（Zappos）和亚马逊听到。这些企业不仅从商业角度是成功典范，而且都坚持相似的理念：企业想要成功，必须坚持把人作为每一个决策的中心，无论是员工还是客户，有时甚至包括他们所处的整个社区。

美捷步就是以人为本的杰出典范，很多员工和客户的完美实践体验都来自该公司。美捷步把大部分时间和精力都用在了提升员工幸福感方面，他们很多成功的例子在本书中随处可见。但他们也花了大量时间深化共同愿景的价值。例如，美捷步以支付新员工辞职费用而闻名。新员工培训结束后，每人都有机会选择辞职并带走1000美元。这样做的原因是，"热情和决心"是美捷步的核心价值观之一，而支付员工辞职费，可以确保那些留下来的人真正对工作充满热情，并长期保持——这是检验文化画布程序有效性的早期试金石。

人们很容易觉得，这种对人重视的极端立场只是公司的说辞罢了。但如果我们认真观察公司的一些做法，就会发现他们对待员工的方式说明他们正在持续减少人力负债，保护员工心理安全，创造快乐的工作环境。在这里，他们对员工幸福感的关注涵盖了从如何支付工资到如何吸引他们的每一个方面。因为他们早就深知，员工才是真正的竞争力。

最近的一个例子是关于爱彼迎在应对金融危机和公司破坏性打击时对待员工的方式，充分体现了爱彼迎把对员工的尊重和关注作为公司的立足之本。2020年，受新冠疫情影响，旅游人数大幅减少，爱彼迎公司受到严重打击，不得不遣散一些员工。面对这种情况，首席执行官兼联合创始人布莱恩·切斯基（Brian Chesky）给这些员工写了一封感人的信，信中的语气充满了亲切和关心，同时也明确表达了公司会真诚地考虑如何帮助那些即将离开的人。随后他宣布了一系列非常慷慨的措施来帮助那些离职员工，从金钱补偿到允许他们保留公司的笔记本电脑，因为他意识到有个合适的工具对于找新工作是多么重要。在信的末尾，他这样写道：

> 在过去的八周里我认识到，危机会让你看清什么才是真正重要的。在这场风暴中，很多事情比以往任何时候都更加清晰。
>
> 首先，我感激爱彼迎大家庭中的每一个人。在这段煎熬的时期，你们每个人都在激励着我。即使在最坏的情况下，你们都在展现最好的一面。世界从未像现在一样需要人与人之间的连接，我坚信爱彼迎将迎难而上。我相信这一点，是因为我相信你们。
>
> 其次，我想说，我爱你们所有人。我们的使命不只是旅行。在爱彼迎刚刚创立的时候，我们原本的品牌口号是"以人为纽带的旅行"。"人"的部分永远都比旅行的部分更重

要。我们所做一切的核心是归属感，而归属感的核心是爱。

写给留下的人：

我们向离开的人致敬的最重要方式之一，就是让他们知道自己的贡献很重要，而且他们将永远成为爱彼迎故事的一部分。我相信他们的工作将继续下去，就像我们的使命将继续下去一样。

对于那些将要离开爱彼迎的人：

我真的很抱歉。请记住这不是你的问题。这个世界对于人才的渴求从未停止，你们的禀赋才华，你们赋予爱彼迎的宝贵财富，会始终被珍惜。我从心底感谢你们，谢谢你们的付出。

布莱恩

通常一家真正以人为本的公司，通过其充满人文关怀的管理方式就可以看出来（如爱彼迎这封信），还要看他们是否愿意在心理安全上投入时间和精力。NewRelic 公司的亚历克斯·克罗曼（Alex Kroman）说："将心理安全视为与企业收益、销售成本或正常运行时间同等重要的关键业务指标。因为与其他指标一样，它会提升团队的工作效率、生产力以及留任率。"

要做到真正重视心理安全，我们需要花时间剖析各个组成部分，了解它的真正含义。

心理安全至上

我相信，在公司的各级管理层，包括首席执行官和首席体验官

的高级管理层以及由经理组成的下一级管理团队，缺乏心理安全是公司运营不佳的核心问题。这是大部分公司都面临的困境。我认为只做表面功夫、拒绝风险、畏缩不前、不求上进的现象正在最高管理层中蔓延。如果不在管理层解决以上问题，如果不重建高级管理团队，只做好其他基层团队心理安全的工作，或努力改变思维方式和企业文化，是远远不够的。

在公司中的级别越高，领导者们就越把团队看成是在自己管理之下的组织结构，这就是高级管理层没有谈论和期待心理安全的原因。尽管他们承认心理安全对团队的重要性，但实际上也不觉得跟自己有关，自然也就没有期待。

从许多方面来看，这并不奇怪，因为关注团队需要建立同理心和进行高情商人际关系实践，而这项活动的基础是团队成员的勇气和脆弱、对自己和他人的信任、对声誉和财务风险的感知、对学习和成长的渴望。

一个有说服力的事实是，如果你在谷歌上搜索"领导者的心理安全"，就会发现没有任何搜索结果是关于帮助领导者实现自己的领导团队的心理安全的内容。这个发现令人震惊，因为这个术语本身，作为提升团队效率和生产力的因素，已在其他各类团队中得到广泛的认可。

我认为首席执行官除了是一个团队的领导之外，还应该是小组长或产品负责人、项目经理，甚至是自己管理团队的敏捷教练。如果他选择得当，并确保真正发挥价值，心态正确（承认这是一个重大的尝试，值得使用非常规方法去实现），那么对他来说，最重要的便是使自己与成员们组成一个真正的团队，一个安全和蓬勃发展的团队。就像其他团队的领导一样，首席执行官们不得不为了全体成员的幸福，给予细致入微的协助。

最简单的检验方法，就是在领导者们聚集的场合或董事会上环顾四周，看看他们是否展现出为了达到共同目标，相互配合的状态。

这里有一些实用的建议，适用于高情商、认同服务型领导 2.0 理念的首席执行官们，他们通过测试已经意识到自己的管理团队心理安全还远远不够……

● 领导团队的重启活动

- 花大把时间反复讨论团队使命，把未来的愿景画在展板上，用来激发每个人的斗志。把以上展板上的使命和愿景都擦掉，在必要的时候多开展几次团队重启活动。

- 重视反复交流，严肃地反思每次互动，避免流于形式的领导视察工作。你如何与他人实现最佳配合？需要定期开会吗？是否也应该学习亚马逊的会议，领导者们快速宣读会议备忘录，留出足够的空间进行公开、诚实对话？是否使用白板帮助团队记录正在完成的工作？除了在股东报告里，哪里还能体现你的冲刺周期、战略目标、希望呢？

- 利用"薪火相传"的力量——建立导师文化。与其让每个首席体验官推选为数不多的几个最佳人选，不如让领导层亲自去指导几个员工——比如一个新员工、一个有困难的领导和随机挑选的另一个员工——通过直接沟通与提供建议，让他们看到自身的变化。

● 改变叙述方式

- 少一些"循规蹈矩"，多一些推陈出新——奖励的重点不再放在赢利的结果，而是全面奖励改革与创新——直接指出（而不是制裁）哪些方面收效甚微，与既定目标还有差距，并鼓励继续进行大量的实践。

- 表现出你的许可——并要求他们将其传达给自己的团队。从现在开始，你完全可以对成员们倾注关心和情感，关注员工实践，赋能你的团队；从现在开始，你的失败也是完全可取的；从现在开始，你与团队需要的是开诚布公。

- 领导者读书俱乐部——如果你每个月或每三个月与你的领导团队开一次会（希望是冲刺的启动），你可以让他们每人都在会上介绍一本激励他们的书，并发表在自己关注的博客上。共同学习可以增进情感——高管们的聪明才智被浪费掉是可怕的，前几天一位高管告诉我，管理层没有人读书了，真令人震惊。

● 更好的他们

- 鼓励他们树立自己的形象，创造自己的英雄故事。你希望公司的领导们个个能力出众，绝没有职位不保的担忧，但他们主动选择留下，每天早上都充满斗志与公司同进退。保证他们在行业中的话语权，鼓励他们通过写作和演讲获得在某领域的影响力——公司一定会因此受益。哪怕对那些已到个人职业发展末期的领导者，也可以通过把他们的故事公开打造成业界典范，充分发挥其价值。这一定值得去做。

- 规划敏捷管理的冲刺周期——如果你的领导团队还没有这样做，那么从今天开始这就是最重要的改革核心。将年度目标分解成若干待办事项，并设定战略目标和冲刺目标。接着各部门的小组从中选取任务。有人会问，为什么首席风险官（CRO）没有在这个数字化转型中发挥作用？如果你的首席技术官既有意愿又有资源，为什么不让他们做人力资源重组呢？如果没有以上选择，你的领导团队只能应用敏捷的一些程序，他们会很快发现，高效的实践与合作完全是可以实现的，不用担心会产生灾难性后果，即使失败也与长期的进步有着内在的联系。

● 给他们安全感

- 将我们提到的团队方案应用到其他团队需要解决的问题上——你的领导团队比其他团队更需要灵活性，他们必须保持改革的勇气、开放的态度、持续学习的精神，在这个团队里还要保证每个人全身心投入，并与你们建立的强大管理团队的理念保持同步。

- 帮助他们避免过度印象管理（因为害怕看起来无能、消极、破坏性、冒犯性或无知而保持沉默）。把"不知道，没掌握"当成自己的起点，不要惧怕。给他们讲施乐公司（Xerox）前首席执行官安妮·穆尔卡希（Anne Mulcahy）的故事，由于她经常说自己不知道答案，被大家称作"不知道大师"。这给了施乐员工充分参与应对公司挑战的信心，在穆尔卡希的领导下，施乐从破产的边缘起死回生。

- 经常尝试新方法制订具体的或头脑中的团队方案，通过组织丰富的活动增强团队凝聚力。鼓励你的团队敞开心扉，分享自己的新想法和个人趣事。

最后，你的管理团队是否有——不管你用什么平台——固定的交流渠道？其实能否在线下会面并没有关系，是否有这样一个空间，在这里团队中的每个人能够开诚布公与大家随时对话？如果没有，你如何期待在没有沟通的情况下你们还是一个团队？所以，今天就建一个吧。如果你们已经有了这样一个空间，那么要特别留意那些在对话期间不时要停下来照顾孩子或关注球赛结果的人，这有可能是个信号，说明这些人的心理安全没有得到足够的满足，无法完全敞开心扉。

你的公司经理、领导者、首席体验官，这些高层个个才华横溢，智商超群，也曾对自己创建的目标斗志昂扬。如今他们似乎都消失

了，只剩下一半敌对、一半无用，畏缩不前，被统计数据过度消耗的，完全不一样的一群人，与真正的团队完全相反。

如果能重新点燃他们心中的火花，如果能让他们和你一起重复当初的誓言，如果能让他们相信自己可以大胆实践，与团队共同成长，如果能帮助他们快速进入状态，充分利用自己的情商，再次变得勇敢、有知识，重拾对工作的热情，那么你就拥有一个高度心理安全的管理团队，他们有可能把那些了不起的目标从"进行时"迅速变成"完成时"。

心理安全不是什么

对于其他所有"以人为本相关话题"、心理安全、谷歌和学术界等内容，尽管可能得到了认可，但也都经历过他人的嗤之以鼻甚至恶意诋毁。

典型的例子是，有些人内心清楚这些至关重要，但也意识到需要投入不懈的努力才会有改变或做得更好，但他们却不愿意付出。这些年来，这样的高管我们见过成百上千个，他们从一开始就质疑，并提出他们能够想到的所有反对理由，以此逃避实践过程中的繁重工作——他们从一开始就失去了偿还人力负债的机会。

我们必须澄清心理安全不是什么——艾米·埃德蒙森教授、谢恩·斯诺（Shane Snow）和你认识的一些教授关于心理安全的理论，确实会被一些作家拿来作为例证，用来对尚不成熟的夸张言辞拨乱反正和反击那些反对意见。然而，深入探讨这个概念的任何人，都有可能引用以上所有例子，再从不同的角度去分析。

心理安全不是……

● 一个在慈善商店的空洞概念

这也许是关于心理安全适用性的最令人愤怒的误解。对此稍作研究便能知道，这个概念的提出源于艾米·埃德蒙森教授在医学领域开始的研究。后续研究的大部分数据均来自同是医学领域的保健行业以及航空业，直到谷歌的亚里士多德项目开启后，心理安全才被应用到非核心领域的工作团队中。它绝不意味着在留言便签旁画个笑脸，或者给嬉皮士提供免费胡须焗油课程。如果说在商业领域，通过助力高绩效的团队，心理安全与提升生产力密切相关，那么在埃德蒙森教授研究的领域，心理安全很容易生死攸关。

● 一张通往懒惰和自满的门票

心理安全绝不是可以把他人的努力和团队的支持视为理所当然并肆意懈怠的许可证。事实上，在成员们安全感高、主动投入的团队，几乎不太可能发生整天找借口逃避实际工作的现象。此外，心理安全特别适用于敏捷团队，虽然很少被提及，但由于敏捷关注过程的本质特点，决定了它专治各种懒惰。

● 稳定工作的保证

我们都听说过一些可怕的传闻。在一些国家，任何企业都不能解雇员工，很多私营公司发现自己陷入了无休止的再培训循环中。心理安全并不是提倡在团队中灌输职位保障的意识。虽然上述传闻可能被严重夸大了，但是企业确实很难证明解雇某人的必要性，除此之外，企业中的团队也并没有因此变得更加勇敢，能够以开放的心态面对风险和批评，更愿意一起学习，共同面对脆弱。事实上，根据评论家的说法，真实的情况正好相反。这刚好提供了一个有趣的研究视角，我希望专门研究组织设计的学者们可以针对以上问题做一些相关研究。

● 宣告绩效评估和其他衡量标准的消亡

对团队的表现视而不见绝对不是一个好主意，这自然也不是重视心理安全的人所倡导的。团队主要驱动力是高效的生产力，没有任何标准，生产力也自然无法测量。

在少数几个具有创新精神的企业，他们积极关注这个话题，有些企业应用了一种被称作"公正文化模式"的理念。该理念由大卫·马克思（David Marx）于2001年提出，主张寻找可能导致各种错误和事故的根本原因，这个理念本身，不但体现了以开放的态度承认错误与事故，并针对他们进行讨论，而且包含了一种隐性的绩效评估，尽管这样的评估更容易被接受，却尚未被正式认可。

此外，敏捷的工作成果清晰且易于衡量，因此对工作表现的评估几乎不可能被忽略，此外，看似矛盾的是，一个团队的心理安全程度越高，他们承担个人（团队）的责任的意愿就越强。因此，对那些评价和测量并不排斥，甚至评价和测量的标准有时是团队自己制定的。

● 必须是成对的概念

个人心理安全和团队心理安全之间存在很多混淆。虽然两者都是必要的，显然在某种程度上也相互关联，但作为两个不同的概念，二者具有不同的驱动因素。

一个人的心理安全感取决于许多方面，在工作中与团队相处的方式只是其中之一。它与一系列因素有关，其中大部分是工作之外的个人因素，因此工作相关的因素只占很小的一部分，主要取决于它在个人的自我定义和实现机制中的位置。

二者的交集存在于相互信任的团队精神与团队中个人与他人共情的能力。但团队的整体心理安全并非团队成员个人安全的单纯集合，而是一个独立的概念。因此，虽然对他人的尊重和对同事的了解能够促进团队成员之间的互动，但这并不意味着他们一定会形成一个愿意承担风险并乐于相互讨论的团队。

● 一种放弃道德约束的许可

在团队中逐渐深入心理安全，首先必须确保团队言论自由。对话至关重要，不用担心负面评判或消极影响的畅所欲言才是关键。当然，这也会引发关于道德约束和自由边界的老问题。

在特定规模的团队中，对话可以被看见，而且符合个人日常生活中普遍的道德约束和规范，换句话说，一个团队的偏见和偏执程度取决于它最弱的成员，当每个人都被允许和鼓励畅所欲言时，很显然可以通过团队的力量对其进行规范。

然而，一些评论家公正地指出，在一些企业中——谷歌也不例外，如果爆出一些有关员工的极端行为和偏激观点，甚至偏见——他们就会急于开通一个可以完全自由对话的论坛，并没有充分考虑到这么做只会鼓励那些匿名极端的反馈，而不是礼貌的、对个人言论负责的留言。

构建自由对话的平台，不是为了建一个企业内部的论坛，让每个团队成员轮流展示自己最糟糕的一面，或者像一群"熊孩子"一样在论坛上斗勇逞能，只是为了给人带来的更大的冲击值。其初衷是在成年人的道德界限内打开一个对话空间，大家在这个空间共同

学习和成长。在本质上，它并不是让人觉得无论他们做什么，都是为了保住自己的饭碗。它代表对团队的无限纵容；它不是一群人给幸福下的定义，也不是与企业没有直接关系的幸福杠杆。

自由对话是要让整个团队知道犯错误也不可怕，有知识盲点也很正常，敞开心扉展示脆弱绝不丢脸。大家有一个为之倾注热情的共同目标，渴望展现人性，成为家人，创造奇迹，这是件美好的事。心理安全并不是一种美好而模糊的感觉，无法影响也不受控制。相反，它是一系列具体的行为以及我们可以聚焦的影响变革的具体因素。我们选择这样做，是为了我们自己、我们的团队和我们的公司。

为了做得更好，我们必须主动去观察、了解、发现和研究。一些人选择采用团队解决方案，另一些人不得不"手动"完成，无论哪一种都需要付出努力。重要的是我们必须衡量，我们必须询问，我们必须对二者给予足够的重视。我们必须运用集体思维，将这个重大的、模糊的概念分解成可操作的行动，然后以开放的好奇心看待每一个行动。

信任

当谈到心理安全时，人们脑海里出现的第一个词就是信任。在某种程度上确实如此。比如，有些人直接把心理安全感称为信任，但与两个人之间的信任不同，这里专门指团队层面的信任。虽然我不反对这二者之间显而易见的联系，但是在人非技术公司，我打赌它们之间的联系更深。有人说信任也是一个模糊的概念，关于这个观点，我们可以对它进行进一步的剖析，以增强团队的活力。

在我们的研究过程中，也查找了结构信任的各种框架，并应用了这些研究成果。保证框架中的各项要素可以充分解释我们为什么最终将心理安全相关因素作为评价的指标。

杰克·曾格（Jack Zenger）和约瑟夫·福克曼（Joseph Folkman）对2019年发表在《哈佛商业评论》上的关于87000名领导者的360度评估进行了回顾，总结了建立和维持信任的三个要素：积极的关系（即保持密切联系、换位思考和关心他人、解决冲突、主动合作、以有益的方式提供反馈）；良好的判断力或专业知识（即在决策过程中，表现出判断力和专业性，有能力提出令人折服的意见，助力团队获得成就）以及一致性（即成为榜样、正面范例、尊重承诺、信守诺言、有始有终，等等）。虽然以上因素都很重要，但根据调查发现，在成员对领导的信任度打分时，他们更强调第一个因素。

谢恩·斯诺是《梦幻团队：有向心力的合作》（*Dream Teams: Working Together Without Falling Apart*）一书的作者，在他1995年一项名为"组织信任的综合模型"的研究中，引用了信任的三个主要特征："能力"、"仁慈"和"正直"。2020年，在《信任因素：解锁商业和个人成功的缺失关键》（*The Trust Factor: The Missing Key to Unlocking Business and Personal Success*）一书中，罗素·冯·弗兰克（Russell von Frank）对这个概念进行了批判性的详细解读，因为它涉及工作和个人领域，讨论语言、核心价值观和我们获得信任的不同方式。

对我影响最大的是布琳·布朗在《敢于领导》（*Dare to Lead*）一书中对信任的定义。她提出了信任的BRAVING框架，并指出最重要的是，要使信任以任何有意义的方式存在，人们必须有边界（boundaries）、可靠（reliability）、责任（accountability）、储备（vault）、正直（integrity）、客观（nonjudgement）和慷慨（generosity）。与布琳标志性话题——勇气相关的词，远不止以上这些。这些词包罗万象，几乎包括了以上引用的所有模型甚至更多。布琳信任框架的出众之处在于，与其他对信任的分析相比，它不是一个枯燥的理论实践，而是一种增加团队信任的策略。她在书中附带了一本练习册，谈到了"可操作信任"——一种可爱的行动。

无论以上的信任框架多么有效，就信任本身，我始终不认为它是心理安全感的一个有效且充分的衡量标准，因为以上提出的概念目前仍无法测量。有一天在人非技术公司，当我们完成对《梦幻团队》的修改，突然意识到应该想办法为心理安全找到更多的铁证。于是我们采访了数百名不同行业的专业人士，包括开发人员、领导者、技术架构师、策划师、项目经理、科学家、运营人员和设计师等。最终确定了另外的六项作为评估心理安全的标准。随后我们把这几项添加到艾米·埃德蒙森教授的调查问卷里，同时也包含在谷歌公司亚里士多德项目的研究成果中，随着新项目的加入，如"可靠性"、"结构和清晰度"、"意义"和"影响"等，最终形成了衡量灵活性、韧性、勇气、开放性、学习性和参与性的增强版评估标准。

这些通过专门算法来测量的方法也把以下各方面考虑在内：问卷中的问题是基于感觉、直觉还是已有的知识；是否还涉及被访者的行为（我们评估人们与团队方案的互动方式）；问题的答案是自我汇报还是涉及他人；问题中强调重要性的语气是太轻、中立还是太重了；问题是否涉及由印象管理带来的恐惧，或者是否可以看到信任感存在。

● 灵活性和弹性

这两个词有差异。很多人混淆了它们，或者发现它们在术语学角度非常接近，于是将它们混为一谈。但现实情况是，团队可能会在一段时间内表现出对变革和灵活性的极度渴望，但这很可能不会随着时间的推移而持续。由于缺乏弹性，团队的心理安全感将直接受到打击。如果我们在某种程度上，仅测量人们对改革的渴望程度、对人的友善程度以及表现友善时的情感浓度，并不能衡量他们的整体适应力和持续性。

劳拉·普特南（Laura Putnam）在《职场健康的重要性》（*Workplace Wellness That Works*）一书中说："情绪健康，也可称为弹性，是你从变化中恢复的能力。这个能力可以通过正念练习来培养。"我认为后半句是正确的，而前半句是有争议的。健康是一个更广泛的概念，而弹性只是其中的一部分，即便如此，弹性的主题依然是团队稳定的基石，与之并列的是团队的情绪健康，当然还有心理安全。

在设计团队解决方案时，我们花了大量时间分别从团队角度和个人角度对弹性进行定义，并思考衡量和改进它的方法。弹性远非一个简单的话题，因为目前还没有影响它或验证它的方法，在职称环境中，弹性是员工身上新的能力。

能够承受艰难困苦，并在逆境中坚韧不拔，是我们个人发展的基石。事实上，人们对某项技能掌握得越好，在实践过程中应用得就越好，也就越有能力消除由突然变化带来的风险。

然而这些能力并不适用于 VUCA 时代。迄今为止，人们使用的工具无法获得稳定性和可预测性。不仅如此，我们仍然没有理由相信，之前在商学院里学到的知识、上过的课程、实践成功的那些流程，如今在闪电速度的变化中，依然能助你在竞争中获胜。

因此，在宏观层面上，我们已集体失去了由已知的、完全了解的世界为我们带来的确定感与舒适感。在那里我们可以搜索"最佳做法"，或者成为"最佳模仿者"。可是现在我们共同在这瞬息变化的湍流中，面对险境，挥动着同样的残桨。

在个人层面上，往往有人有提升灵活性的迫切需要，同时希望能发展一套实践准则，在面对快速变化带来的焦虑时，依然能够保持冷静与专注。

在团队层面，所谓的弹性只能针对具备心理安全的团队进行讨论。如果没有心理安全，也不要指望团队能具备弹性，因为每一个人都会因为缺乏安全感而变得麻木，自然也就不会表现出适应性与勇气去应对快速的变化。

对于那些具备心理安全的团队，在VUCA的时代如何保留它，既是一个巨大的挑战，也是未来成功的制胜法宝。用各种方法保持团队的凝聚力，共同进步，共同提升适应能力，不要让任何的外部变化动摇成员间如家人般的感情，团队齐心协力共同创造奇迹，这就是弹性。而团队的弹性，就是让成员保持幸福的状态，鼓励每个人的创造和成就。

家庭作为社会单位，本身便具有一定程度的弹性。尽管生活中充满了大大小小的挑战，但总的来说，家庭作为一个整体并不真正惧怕失败。即使在冲突不断的破裂家庭，人们也期望他们最终一家团圆，这些冲突早晚会得到解决。因为他们共同的未来，心中的善意，彼此的亲近感和爱意会促使他们去解决问题，从而获得支持，构建一个充满呵护的环境。这就是家庭如此强大的原因。人们希望家人永远在一起，一直走下去的信念，在职场环境中却严重缺席。很多团队需要想尽办法在成员中形成这样的信念，并不惜一切代价保留它。

团队有能力且必须做的事（这些事通常从团队领导者发起，所以希望所有级别的领导都能持续关注它；也可作为服务型领导的1号作业"建立弹性"）就是庆祝失败；强化学习和脆弱的价值；反复强调并通过质疑优化团队的目标和愿景，直到它铭刻在每个成员的心中；坚持不懈地提高团队的透明度；强调集体共同承担风险的重要性；专注于培养团队成员的家庭意识；改变话语方式，将每一次突如其来的转折和变化视为制胜机会。

培养弹性的美妙之处在于，每一次打击、每一次挫折、每一次苦难都是增长和强化安全感的机会。我们会跌倒、崩溃甚至一败涂地，但要知道那并不是终点，要把这些看成是庆祝的理由。就像举重训练一样，只有打破现有的肌肉纤维，新的肌肉纤维才会形成。当我们强调一起失败是安全的时候，意味着我们一起学习、一起进步、一起成长，最终在这个快速变化的新世界中一起生存，因为毫无疑问，只有弹性才能把这些变成现实。

在未来的二三十年里，许多企业将在 VUCA 时代中壮大或消亡。竞争中的成功者，必定已经找到了弹性的方法，而成功的企业，不再是一个整体，而是弹性团队的集合体。弹性团队具备心理安全，并自觉地努力保护它，因此有必要将对灵活性的测量作为测量弹性的先导步骤，弹性是心理安全团队的基础。

如果你想通过提问了解员工，要确保考虑到了他们的灵活性和弹性，这些问题将决定他们的心理是否安全。一定要弄清楚，员工们只是表现出了冒险的欲望，还是确实因改革感到兴奋。奈飞公司名人帕蒂·麦考德（Patty McCord）在"八个教训帮你建立一家让员工热爱工作的公司"的演讲中说："我们让团队先尽可能快地向左跑，然后在某个早上，告诉他们开始向右跑以及为什么。他们是否能依然保持热情并立即开始跑。"检验他们是否愿意并反复尝试。

畅所欲言，即勇气和开放

无须解释，我们都清楚能够在团队中诚实地表达自己的意见，不用担心任何消极后果，对团队大有裨益。毕竟这是沟通、创新、成长的关键，对商业世界中的主要因素也至关重要。但从以往的经验看，出于这样或那样的原因，很多人根本无法实现像这样的畅所欲言，这也成了人力负债的顽疾。若不能让团队中每一个人都可以

愉快地敞开心扉，团队的高绩效则只是一纸空谈。

畅所欲言需要勇气，在此基础上，还要有冒险敞开心扉的意愿。这就是为什么我们会建议当我们试图检验团队是否做到经常进行开诚布公的交流时，最好单独关注每一个人的勇气和开放性。主要分析他们对问题的回答，以及观察他们面对需要冒险和避免印象管理时的表现，即使是看起来很自信的人也会遇到因关注印象管理而不敢直言表达的情况。这有一个艾米·埃德蒙森在《无畏》（Fearless）一书中的例子，她提到了一名商业创新新秀，尼洛弗·麦钱特（Nilofer Merchant），她被消费者新闻与商业频道（CNBC频道）称为有远见的人，并在2013年被管理思想家排行榜（Thinkers50）授予未来思想家奖（Future Thinker Award）。但在2011年《哈佛商业评论》的一篇文章中，尼洛弗分享了在苹果公司工作时，即使发现了一些问题，她也会保持沉默，因为她不想犯错。有报道援引她的话说："我宁愿靠循规蹈矩保住工作，也不愿冒着看起来很愚蠢的风险发表言论。"这是印象管理的一个典型例子，尼洛弗只想不被看起来愚蠢无知，但这并不意味着她不是一个勇敢的人，这只说明她在开放性这一项得分不高。

在过去的几年里，那些没有心理安全的团队，因没有人能直言不讳指出问题，最终导致其业务遭受灾难性后果的例子不计其数。其中一个就是美国富国银行（Wells Fargo）的例子❶，许多人对他们的做法感到震惊，这对员工和客户都是不公平的。要不是道德上谴责，也许还没有人站出来指出他们的问题。

诺基亚公司（Nokia）在20世纪90年代曾是全球最大的手机制

---

❶ 2016年美国富国银行爆发美国历史上最大规模的虚假账户舞弊案。该银行的员工在未经客户许可的情况下，开设了约200万个账户，发出50万张信用卡，最终导致5300位员工被解雇。——译者注

造商，但到 2012 年不但失去了优势地位，同时也失去了超过 20 亿美元和 75% 的市值。

2015 年，在欧洲工商管理学院（INSEAD）的一项对诺基亚衰落的研究中，可以清楚地看到，诺基亚的高管们并没有坦诚地交流过来自新兴竞争对手苹果公司和谷歌公司的威胁。与此同时，部门经理和工程师们也不敢告诉自己的老板，公司的技术早已不能在不断更新换代的市场中保持竞争力。结果，诺基亚公司错过了创新的机会。

这两个典型的例子都说明，这些公司的员工都缺乏勇气和开放的态度去直言不讳地沟通，也很有可能因为是没有心理安全作为基础，能够让他们在团队中畅所欲言。

团队真正实现了心理安全的表现，以下各条都必须实现。对于成功的团队，以下这些内容无一缺失。

"我们必须充满热情和深切的关爱。"

"我们必须做自己。"

"我们必须感觉彼此之间有强大的凝聚力，就像我们有一个安全的圈子。"

"我们必须培养和实践共情的能力。"

"我们必须灵活，必须有弹性。"

"我们必须学会不断地尝试，在失败中'成长'。"

"我们必须永远不要担心表现出消极、无能、无知或者是具有颠覆性、冒犯性、不专业的一面。"

"我们必须畅所欲言。"

以上每一项都有一个潜在的主题：我们需要勇敢。

● 我们需要勇敢

这难道不是最难的吗？我们如何让自己充满勇气并模仿英勇事迹？面对现实吧，仅靠内心的动力是无法把小猫变成狮子的。我们可以梦想自己勇敢无畏，而不用真的那样去做。

一般来说，人类需要努力将风险降至最低。然而在实践的过程中却处处暗藏风险。这种矛盾在我们的个人生活中不太明显，我们努力让马斯洛的所有需求都得到满足，只有在需要做出重大人生抉择的关键时刻，人类性格中勇敢的特质及其价值才受到考验。这在VUCA时代的职场中，却是无法避免的。

事物瞬息万变，稳定和毫无风险的情况已不再可能。我们需要的是一系列勇敢的行动，不断去挑战，不断去推动。

一种新范式的出现，并不是展示和证明我们已知的还远远不够，而是希望我们敞开心扉，迎接失败，适应变化。

伴随勇气而来的是可怕的脆弱，这是我们在上管理课程时就决心要避免的。一个人真正的领导能力，是根据他们身上明显弱点的大小来评判的，因此，每个人都必须时刻穿着勇敢、坚不可摧的盔甲。因为没有人会因为怯懦而获得褒奖，因此很多人忘记了脱下自己的盔甲，哪怕是每年和孩子们一起在海里畅游的时刻。然而，现在我们要告诉每个人，包括领导者，把它脱下来，允许自己露出由最脆弱材料做成的皮肤，这样自己团队的成员也能这样做。因为在一个拥有魔力的团队氛围中，你应该没有什么弱点需要保护。当不再有恐惧，你需要保护的就只有开放的心态、实践的能力以及共同学习和创新的能力。

因此，脆弱不仅是被允许的、可取的，而且是非常必要的。

有实用的建议吗？这是我们使用过的：墙上贴满苏斯博士（Dr. Seuss）和《绿野仙踪》（*Wizard of Oz*）的海报——老套，但在激励勇气方面却有惊人的效果。利用质疑模型——质疑为什么事情就是现在这样的，并进行公开讨论，话题从操作时间到流程甚至用过哪些词；在每次开会时都分享一件个人的事情；开明思想，主动了解匿名反馈意见；如果感觉不符合自己的利益就直接说出来，并表明你做到了；每周尝试一些新方法，或者与你做事风格完全相反的方式；提出一个衡量勇气的标准，使其对你自己的工作和团队都有意义……这样的例子不胜枚举。

最重要的是，以下每个做法都值得被庆祝：大笑与学习，同情与沟通，分享与成长。庆祝每次的勇敢；庆祝把勇气变成可操作的、可测量的成功时刻；庆祝再也不会因为虚假的、具有煽动性的言论而受到影响。

学习、试验和失败

共同学习的团队会集体表现优秀，事实上，在团队环境中他们学习并实现成为一个整体的过程，也能增强他们的心理安全感。与没有经历这种成长过程的人相比，他们更加有生产力。这对所有研究过高绩效团队的人来说，这个结论是显而易见的。但由于持续学习的概念相对较新，这与我们之前认为学校教育便是学习的终点的观点明显存在差异。因此我们如何在职场保持好奇心和共同获得新的见解与技能是一个复杂的话题。

一些认可员工的学习或对员工保持"好奇心"的企业最有可能获得成功。其中一个例子是制药巨头诺华公司（Novartis）的首席执行官瓦斯·纳拉西姆汉（Vas Narasimhan），他是这一理念的坚定支持者。他花费了大量精力使这个理念大众化，同时执着保持好奇的信念。

瓦斯·纳拉西姆汉说："在这个日益复杂的世界中，好奇心是获得成功的关键。"他这么说绝非一句空话，而是真正付诸实践。诺华内部专注于展示后天的学习，鼓励每个员工去学习，并通过许多"我们很好奇"的内部活动来提供支持和成果检验。这就可以直接表明瓦斯和诺华的领导团队清楚地了解人力负债的规模，员工们真正相信公司允许并鼓励他们在工作期间继续学习，再加上他们对心理安全价值的理解，这些使诺华成为备受瞩目的公司。

面对 VUCA 时代的现状，在拥有心理安全的团队（因此也是高绩效的团队）中，使成员们拥有坚定的学习欲望的作用，对任何一家参与数字时代竞争的公司来说都是显而易见的。但令人惊讶的是，它并没有受到应有的重视。

"失败是安全的吗？"

"学习是安全的、被鼓励的吗？"

"在不经历失败和学习的情况下，心理安全的团队可以实现吗？"

"我们如何确保将好奇心植根于公司文化的 DNA 中？"

"我们如何确保高层领导者也能不断地学习？"

"印象管理会不会直接妨碍我们进行有效的学习？"

"好奇心和勇气之间有什么关系？学习和脆弱的关系又是什么？"

"共同学习的团队是否表现出更高的工作投入，他们的弹性是否能更强？"

"所有类型学习都同样有助于建立心理安全吗？"

"如果对好奇心的重视超过了对失败的恐惧，那不就孕育了我们现在急需的试验与创新的企业文化吗？"

在制订软件解决方案时，我们需要测量学习欲望或好奇心的程度，可以向自己提出以上这些问题。学习欲望或好奇心程度也是体现团队心理安全水平的一个重要指标。我们强烈建议那些想要提升心理安全的团队，也该常问自己这些问题。

当你观察四周并审视内心时，能看到什么？你对知识的渴望会因为从事其他工作或在其他团队而变得更多还是更少？你感觉你的团队在共同学习和分享方面高效吗？在与团队成员们以了解信息、分享经验和获得知识为目的进行的互动中，你有收获吗？

根据你所处的行业和工作类型，必要的学习速度可能会有所不同（除了信息学习之外，还有一个更加紧迫的学习内容非常不容易掌握，那就是情商。我们都面临着快速提高情商，以在新职场中保持竞争力的现实问题）。然而，想必大家也都同意在VUCA时代学习速度可能慢下来，所以让我们对学习充满好奇心，在学习和探索的过程中我们的团队能够获得更多的心理安全感。

然而，学习需要时间，也需要被认可的感觉，如果缺少了支持，那这两者就成了我们大多数人负担不起的奢侈品。

在一个疯狂追求速度和效率的世界里，学习一方面是采取行动来提升自己，另一方面，也可能会加深虚假知识对我们的毒害。关于学习这种自相矛盾的效果的文章还不够多，但我认为这个话题值得进一步探讨。

一些了不起的有识之士曾组织过一场关于学习的坦诚对话，但在对话中他们针锋相对的"战斗"就足以说明问题。多年来，围绕着这个话题的争论一直存在。例如谷歌公司公布了他们的"二八定律"，即允许员工花20%的带薪时间去做他们认为必要的事情，以满足他们的好奇心和爱好。公司还发布了关于领导层如何花费时间的报告。总体而言，似乎有这样一种看法：企业付钱给我们是为了让我们做工作，而不是"其他事情"。

可悲的是，这个"其他事情"涵盖了各种与学习、人际关系、情感等有关的事情。我认为出现这种情况，是因为我们已经逐渐相信工作必须是枯燥和不愉快的。上班要不是痛苦的，怎么会有人付钱让我们工作呢？结果是，我们一想到工作，就代表让人不开心的任务和不情愿的活动，即使是在工作间隙的空闲时间，也不会与任何开心的事情联系到一起。

这对领导者如何对待人的问题具有恶劣的、广泛的负面影响。因为有效的领导需要他们花大量的时间思考以人为本相关的所有问题——他们的团队、他们的同事以及他们自己的情绪与互动。想想吧，谁会觉得他们是靠思考来赚钱的呢？

另一个普遍的观点是，我们很少有人觉得自己是被雇来学习的。我们对生活的认知不具备运维开发一体化的性质，也没有思想和行动的持续集成/部署（CI/CD❶）渠道。一直以来，我们都被教导以顺序的、瀑布流式的方式来对待人生的各个阶段。首先在成长阶段积累知识，然后在工作中应用这些知识。第一步——学习知识；第二步——应用知识；第三步——如果你坚持下来了——放松休息，然后你可以做任何愉快的事情，比如学习或关心自己。

正是由于这种存在于潜意识里的僵化的心理划分，我们才有了诸如"回到学校"或"有能力读博士"等说法。一旦你走上工作岗位，就会觉得在招聘阶段你就已经掌握了所有需要的知识和技能，接下来你只需把这些在工作中展示出来。

为什么员工会认为他们应该，至少有资格持续学习呢？在招聘面试中没有哪项条件让他们相信持续学习是有价值的。没有人会问他们如何学习，什么时间学习，都读些什么书，或者他们想在哪方

---

❶ CI/CD 是一种通过自动化来频繁向客户交付应用的方法。CI/CD 的核心概念是持续集成、持续交付和持续部署。——译者注

面提升自己。公司的整个体系都在强化发展过程中的各个步骤，根本没有留出空间让我们在工作中继续学习。

当然，人无法停止自己的好奇心，员工们哪怕对自己的工作有一点点热爱，他们都会继续学习，可是对公司来说，读书已经成为"附带"或"在自己的空闲时间"做的事情，并不考虑他们学来的东西最终会回馈给公司。

这是不公平的交换，员工们为此获得的报酬太少了。

有多少人曾与公司谈判过希望获得哪怕谷歌公司最低标准20%的带薪时间？去读书、做瑜伽或者额外写写代码。打开一本书或听听播客，就在我们的办公桌上，在众目睽睽下，在上班时间，并为此获得报酬。

答案是几乎没有人这样做。我们不要再认为工作是在帮助我们成为更好的自己。为什么他们现在会给"不太好的你"付薪水？

尽管如此，一旦将"学习"融入团队的核心文化中，我们就需要让每个人知道，团队真心鼓励他们去应用，作为知识的延伸，他们就会经常进行必要的实践，有时也会失败。没有失败就没有创新，很遗憾，这确实毫无可能。如果你害怕失败，就会在创造和创新的过程中畏首畏尾。

关于失败的重要性，艾米·埃德蒙森教授最喜欢列举的就是皮克斯（Pixar）动画工作室的例子。史上票房最高的50部动画电影中有15部出自皮克斯动画工作室之手，其联合创始人埃德文·卡特姆（Edwin Catmull）强调，每一部电影在早期阶段都不尽如人意。这最大限度地减少了他们对失败的恐惧，使他们对反馈意见的态度变得更加开放。

卡特姆的《无畏》一书中有许多例子讲述为什么失败是可取和必要的。2012年，中国台湾研究人员黄志成（Chi-Cheng Huang）和江品辰（Pin-Chen Jiang）对60个研开团队的调查研究结果显示，拥有心理安全的团队表现更好，而其他团队的成员因为害怕被拒绝而

不敢分享他们的想法。在制药公司——礼来公司（Eli Lilly），他们甚至举办派对来庆祝和分享失败的经验。这看起来可能有些极端，但强化"失败是好事"的理念，可以确保人们不会因为在没有任何结果的实验上觉得是在浪费时间和资源。

该书还简要介绍了美国的一些高等教育学校现在已经开设专门课程，帮助学生理解失败不是挫折，而是迈向学习的一步，从而提高他们在 VUCA 时代的适应能力和在这个要求我们持续学习、拥抱失败、渴望创新、应对变革的世界中发挥自身作用的能力。

士气与敬业

这两个词是团队活力的组成部分，所以我们花了不少时间来研究这两个词是否可以互相替换。根据我们目前的发现，得出的结论是肯定的。然后，我们又花时间试图找出"敬业"一词是出于什么原因，以什么方式不再受到重视。但坦率地说，我们不得不放弃这个探究（尽管它很有趣），来考虑最近几年的人力资源走向衰落的传闻（其中还包括其他一些被人遗忘甚至消失的词语，例如"员工满意度""雇主品牌""目标""动机""幸福感"甚至"团队"一词本身），知道它在团队的意识中成为焦点又如何不被重视的原因，对改变现状并没有太大的帮助。

而现状是，员工"敬业"的程度确实相当糟糕。如前文所述，尽管在过去的二三十年里，它经常出现在人力资源部门浮夸的工作方案中，但它的繁盛时期却从未真正到来。

盖洛普咨询公司（Gallup）的数据显示，70%的美国从业人员在工作时处于闲散状态。这对任何工作环境都是有害的，每年会造成约4500亿美元的损失。《哈佛商业评论》的文章以及许多近期的研究显示，每三个员工中就有两个人感到与工作完全脱节，72%的人称"从来没有感到真正地投入到工作中"。哪怕我们只是简单地环顾四周，都会发现员工的整体的敬业程度处于历史最低水平，这与不久以前我们放弃了大部分的协同合作这件事有关。

把"敬业"一词用稍显时髦的"员工幸福感"来代替，给人更多想象的空间，于是为这个话题注入了活力。也许当我们看到《哈佛商业评论》的更名一栏包含硅谷新秀公司中工作头衔的各种新变体，会感到很生气，但此举非常有效，因为可以使它再次成为我们热议的话题。

有些人还认为这根本不是一个简单的更名，因为"敬业"更倾向于"目标"，而"幸福"是全方位地从整体上看待员工的福祉。这也许有道理，但像我们的员工这样长期在一个不快乐和不被尊重的世界里，在一个由于拒绝真实，忽视情感与健康，从而产生严重人力负债的世界里，不管我们怎么称呼它，我们都有很多事情要做。

"幸福"也行得通，因为在一天结束后，我们需要回答的问题——更重要的是，我们确保这也是每个团队领导都重视的问题是："他们幸福吗？"但我们最终选择了"士气"，因为对一个团队来说，它是所有问题的核心。

与某些人想象的相反，尽管士气是核心，但它还远不是成功的唯一标志，也不是预测心理安全团队（因此也是高绩效团队）的指标。但它也是一个非常重要的指标。

"他们真的用心了吗？""他们是否精神饱满？""他们关心彼此吗？""他们是否对自己所做的事情以及为谁做这件事投入了情感？"这些问题需要在团队层面上通过询问每位员工与士气来回答，这些问题测试他们对自己和彼此的感觉有多良好。

将团队士气作为其心理安全的组成部分，意味着要了解团队成员是否交流，他们在团队中是否快乐，他们是否真正享受在一起的时光并从中获得乐趣，他们是否分享秘密，是否敞开心扉，以及他们是否真正团结。当他们感觉到亲近、强大以至于不担心表现脆弱并共同成长时，他们是否一起感觉到了"魔法"。

来看看这个令人震惊的数据，即使是最乐观的分析，最低估计也有三分之一的员工表示，他们在工作中感到孤独、不真实和抑郁。这对任何一个企业来说都是无法接受的，它最终损害员工的业绩（可悲的是，不管我们是否愿意承认，这最终也会让公司失去人情味），但他们既不能脱离改革的杠杆，也很难找到有效的解决方案。因为虽然提高士气、敬业度、幸福感本身很重要，但其重要性不能立即在公司盈亏结果中体现。它是拼图的一个重要组成部分，但还不足以单独产生影响。它需要和其他所有元素一起显示它是如何推动结果的，这就是我们将它与其他因素结合起来衡量的原因，也是我们认为公司应该这样做的原因。

我相信，由于"心理安全"这个话题的升温，以及它对实现高绩效的重要性，"敬业"本身也会随之受到重视。如果最终让成功案例和研究得以推广，并承认团队的心理安全可以转化为创新和可持续绩效，是评价以人为本的唯一标准，成员的投入是其中不可或缺的组成部分，那么我们就有机会看到"敬业"上升到它应有的被重视程度，不是通过被错误理解的道德制约，而是通过健康的商业理念。因为我们会发现，在工作中为幸福而努力是值得的。

避免印象管理

印象管理是指各行业中人们为了美化自己给别人留下的印象而

采取的一系列行为。如今，人们花在印象管理上的精力已经超出了工作范畴，延伸到了我们的日常社交中。尤其是社交媒体增加了我们展示自我的渠道，同时增加了人们希望树立美好形象的需求。这就引发了关于群体意识的广泛讨论：我们是否感觉与传播的对象存在联系，它会带来灾难性的后果吗？但这种需求与职场中有关心理安全涉及的"印象管理"的定义并不完全相同。

印象管理由欧文·戈夫曼（Erwin Goffmann）在20世纪50年代首次提出，并在20世纪90年代利里（Leary）和科瓦尔斯基（Kowalski）的研究中得到进一步发展。我们杰出的艾米·埃德蒙森教授在关于促使团队富有成效并健康发展的研究中，对印象管理提出了两个令人惊讶的相关结论：印象管理发生在与人的即时联系中；一旦人们意识到了，那么印象管理就很难避免。

有人简单地认为，我们之所以不愿意敞开心扉、展现自己脆弱、畅所欲言、没有建立心理安全感，其中的原因之一就是我们习惯于将幸福最大化和避免痛苦。结果就是，我们都在努力避免以某种我们认为消极的方式被人看到。

我们永远都在努力避免给人留下无能、无知、消极、破坏性或冒犯性的印象。每当我们不再直言不讳，不再贡献自己的想法时，追根究底，都出于对以上四种消极印象的恐惧。除此之外，我个人还想加上第五点：害怕"看起来不专业"。它让员工在很多情况下无法给出诚实的反应，尤其是在面对新的和非常规的环境时，或者在应对一些如开玩笑这类的自发行为时。

对抗恐惧的一个常用方法是学习与之对抗的无畏行为，敢于说出自己缺乏知识、缺乏实践经验。这对拥有高情商和强大的人际关系实践的团队领导者来说非常关键。但他们一旦养成了向团队展示这些行为的习惯，如果团队成员意识到了印象管理，反倒被诱导对其关注起来怎么办？如何才能让他们有较高的悟性，不但注意到问

题，还能主动改变印象管理的行为呢？

换句话说，发现和避免印象管理不只是团队领导者的工作，也应该是每个团队成员的责任。实现这一目标的方法之一是通过提问一些尖锐的问题，防止自己和他人的这些可怕的行为。值得一提的是，这些问题的答案都不需要公开，只需习惯使用这些实例的内部"心理计数器"——我们称为"了解自己"计数器——就可以帮助重塑这些行为：

"你是否注意到包括你自己在内的任何人都不愿发表批评意见？"

"你见过有人在项目回顾会后对哪怕是一件小事表达自己的意见吗？"

"在过去的一个月里，团队中是否有人准备承认什么事情？你们有没有差点儿提到什么话题？"

"作为一个团队，我们现在变得更开放还是更保守？"

"你有没有赞扬过你的同事，因为他们承认从未使用过某个工具，但愿意尝试一下？"

"你有没有听到过队友们问一些你认为过于私人的问题？"

"你是否记得有这样的情况发生，团队里有人说的话让你非常生气，之后才意识到自己与他们是'家人'呢？"

以上这些问题不是用于调查和诊断的开放式问题，而是建议性问题，希望能引导人们最终走向正确的方向。

由于工作的性质，"无能""无知"比"消极""颠覆性"和"冒犯性"更容易被发现和缓解。在新型的远程和办公室混合办公实行后，后者尤其会出现严重的问题。因此，哪怕一点点来自这些消极因素的影响，都必定给提高心理安全感，以及团队共同成长和表现能力的提升带来很大的影响。

在拥有心理安全的团队中，我们希望团队领导能在心里经常问自己这样的问题："在过去的一个月里，我的成员有多少次避免自己看起来消极、无能、冒犯、破坏、无知？"，因为他们知道，成员们越频繁这样做，进行开放的沟通、相互信任和学习的机会就越少，他们的工作效率和心理安全感就越低。

我们的团队解决方案是帮助成员们发现这种现象并监控它，而实现这一目标最直接的方法是通过在领导者展示板上设置一个名为"印象管理警报"的功能来公开数据。该功能直接显示团队提供的相关答案的总数，以便团队领导者可以在这些行为变成更严重的问题之前采取措施，比如缺乏开放性、参与度和弹性的问题。

对于没有辅助软件的情况，领导者们只能自己去识别成员的印象管理行为，在团队的日常互动中注意到它的发生，从而减轻影响。他们应该把自己想象成裁判、医生和教师的结合体，时刻注意是否有人为了努力挽回面子或塑造某种形象，而表现得既不开放也不自在。他们应该探寻成员这么做的原因，以及防止这种行为发生的方法。

保持诚实和脆弱的状态是很困难的，特别是当环境发生变化，防御机制被触发，大脑就会回到之前习惯了的神经路线，刺激我们一定要说些什么或做些什么，避免我们看起来一无所知、一无是处或者是团队麻烦的始作俑者。值得庆幸的是，当涉及心理安全时，印象管理是任何人都能理解的话题之一，而且我们都能理解抛弃真诚和诚实，而选择封闭内心和营造形象的行为是有害的，我们已经在个人生活中开始警惕这些行为了。

每个人在与我们的伴侣、朋友或孩子在一起时，会经常观察到这种印象管理。我们可以立即分辨出他们中是否在向我们隐瞒他们的真实感受，或者当他们不敢向我们敞开心扉时，我们会立即警觉起来，并试图理解他们为了不影响我们之间的爱才这么做的说辞。

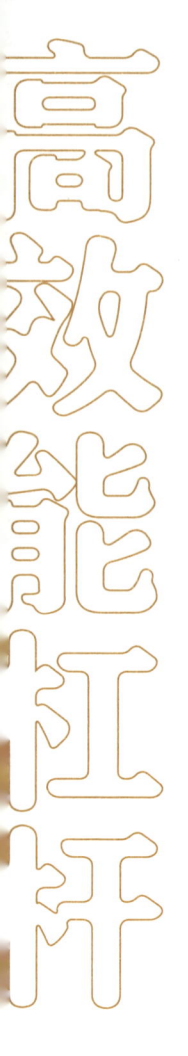

觉得自己爱的人在对你"隐藏一些事情",或者他们没有表现出我们期望的开诚布公,并且是在试图营造某种假象,这会让我们感到痛苦不堪。因为我们知道,在彼此充分坦诚的基础上建立起来牢不可破、亲密无间的关系是多么重要。

这在团队里也是一样。我们对于"个人的"和"工作的"关系存在思想障碍,是导致我们在办公室里不经常关注印象管理的唯一原因。一旦团队领导允许我们把团队看作一家人,我们就会迅速转移这种警惕和关注的心态。

如果我们能够想象这样一个世界,在那里,脆弱会受到奖励,因为它标志着学习的意愿;承认错误或无知会受到赞扬;提出可能冒犯他人的问题、给出可能是负面的评论不被视为具有破坏性,相反是可取的和值得称赞的,因为这是勇气的标志,那么我们就会开始减少一些恐惧,创造更多心理安全的团队。

气泡内的对话

如果没有一个清晰、可信和可靠的对话途径,我们通往心理安全团队的道路是不通的。如果不清楚员工的感受,我们怎么去探究所有这些独立的因素呢?同样,如果在这样的公司里,员工们每年被询问一次对公司的意见,他们要么回答一些无关痛痒的问题,根本无法证明他们提出了自己的观点,要么,更糟糕的是,他们会因为提出意见而受到惩罚——哪怕我们设法说服他们,展示出足够的关心并真诚地询问,我们又怎能要求员工们能同意定期坦诚地交流呢?

要与我们的团队建立一个真正的沟通渠道并保持开放,需要加强以下几点：

- 频率——正如奈飞公司的帕蒂·麦考德在本章前面提到的视频中所说——"我们每年只了解员工一次，还抱怨他们不愿多说一些——我们是真的问过他们了吗？"——作为团队领导者人际关系实践的一部分，宣布沟通渠道的开放是优先要做的事情，确认反馈需求的周期性是下一步必须做的。养成一种沟通习惯可能需要时间，但必不可少。对后疫情时代的分散式远程工作团队来说，这相对容易实现，但从团队启动到"执行期"，沟通工具和要求应该严格地在"团队契约"中规定，这样才能期待积极的效果。

- 明确性——在《敢于领导》中，布琳·布朗曾回忆这样一件事，她要求团队在反馈中保留残酷的诚实。在收到反馈时，一开始她感到震惊和受伤，然后才意识到"明确就是善良"，含糊不清或糖衣炮弹的意见其实是不尊重和有害的。由于不同的团队成员有不同的敏感度，在团队启动和重启活动时，测试大家对团队鼓励的"彻底坦诚"（而不是无端冒犯）的接受程度就非常必要。

- 真正的"不责备，不惩罚"——许多团队吹嘘自己的"不责备"原则，但结果证明了只有原则是远远不够的。作为人力负债的一部分，团队成员经常被他们信任的领导或公司伤害。因为信任他们，成员们坦率地提出了意见，或进行了实践，却因此受到严惩，甚至被降职。所以这就难怪他们很难再去积极地做事。证明"不责备"的唯一方法是鼓励极端的实验，赞扬失败，不断征求所有人的意见。

- 价值——加强对话对团队的重要性和价值应该是团队领导者需要持续关注的问题，这也是人际关系实践的一部分。

- "气泡"——让每个人都清楚沟通渠道只存在于团队层面至关重要。在团队内部说的话要留在团队的气泡中，在与成员达成一致、并确定是为了团队的利益着想之前，团队领导不应该把任何意见带到企业中去。

拥有心理安全的团队注重沟通，大量开放式的沟通。2006年，澳大利亚大学的克里斯蒂娜·吉布森（Christina Gibson）教授和罗格斯大学的詹妮弗·吉布斯（Jennifer Gibbs）教授研究了成员分散在世界各地的创新团队，发现心理安全有助于团队进行更加开放的沟通。当一个团队不仅可以公开分享自己的想法，而且能共同努力解决问题时，他们就能随时应对任何挑战。

但沟通是询问，绝不是窥视。

2020年2月，巴克莱银行（Barclays Bank）因过去10年里最大的人力资源丑闻之一上了新闻。调查显示，他们在员工不知情或未经允许的情况下，在员工的机器上安装了监听软件，以监视他们在工作时间的活动。当专门为巴克莱银行设计"员工监视软件"的公司在推销这个得意之作时，我多希望自己是一只墙上的苍蝇。想象一下，他们的对话会怎样进行呢？

"你知道他们（员工）实际工作了多长时间吗？"

"我们知道他们待在办公大楼里的时间。"

"在他们的办公桌前呢？他们使用的是什么程序或浏览器？他们休息了多长时间？公司如何监控他们是否花了太多时间上厕所呢？"

"嗯……"

"来看看，贵公司如何能获得以前从未有过的数据，并以此优化成本和绩效的方法——监控所有这些事情，通过建议员工花更多的时间'在工作区域'来改变现状。这样他们休息的时间会更短，更少。把员工上厕所归为'不算工作量的活动'，这样他们就知道在工作时间懒散拖延是不对的！使用我们的软件，贵公司员工的生产力将提高三倍！"

他们的广告语会是什么？"测量办公桌前的时间，掌握员工的工作表现"。或者可能是："信任。当你能够掌握员工上厕所的时间时，谁还需要它？"

管理者对这种完全违背常识的把戏视而不见，对常用的数据收集法来说是极大的退步，这是主要的悲哀。这会诱导人们得出这样一个结论：公司应该少去打探员工的生活。实际上，我们应该更多地去了解他们，但不是以欺骗员工、以毁掉哪怕一点点我们努力建立起来的信任的方式。

"组织"本应该对员工进行大量的调查和调研。在询问员工的想法和感受时，他们有很多人力负债，而且让他们感到，公司对他们的"好奇"是基于关心而且是开放的，而不是偷偷摸摸的。没有哪项调查是为了躲在审问镜后面观察员工，而是为了大家能和谐地坐在同一个房间里共同学习。

你一定想知道，认为安装这款监视软件是个好主意的高管们到底是怎么想的，他们的目的是什么？唯一的解释可能是，他们试图找到员工在公司上班时对工作真正投入程度的基准线，也就是说，他们的想法是"我们得做些什么：员工待在办公大楼里，但他们不专心工作，如果你不相信，我们将用数据证明这一点"。

也许他们有更具野心的目标——把这些数据拿给银行的董事会，在这些无可辩驳的数据面前，他们会一拍脑门，让每个人都能灵活地居家工作。也许他们打算发起一场大型的"尊重员工"活动——真希望有这样的活动！该活动需要向管理层展示他们的员工目前在情感上已与公司疏远，一旦有了这些数据，比如他们躲在厕所里的时间有多长，以及他们有多少次在办公电脑上访问《每日邮报》（*Daily Mail*），员工幸福感就会重新成为管理层严肃对待的焦点。也许，这些都不是真的，他们可能只是在判断上犯了一个不可弥补的重大错误。

员工和企业之间的关系如今已经岌岌可危，因此任何意义上的"公司级别的团队"都是不存在的。在这些把戏面前，世界各地的人都感到被监视，且毫无信任可言。这样的事件会对这种信任产生什么影响？

在人非技术公司，我们确实认为，在企业层面无论测试什么都是无效且徒劳的，测试结果无法给出实际的建议。测试应该在团队层面进行，测试结果在各自的团队内保密。独一无二的高效气泡单位非常重要，只有在这样的团队里，我们才能通过渗透心理安全的理念，来实现有利于团队的长期重大改革。好奇、询问、想要猜透员工的想法和感受从来都不是一件坏事，只要你能保证过程公开，考虑周到。

这里有一些常识性的建议，适用于那些关心员工并希望以合适的方式进行测评的公司。

- 主动伸出手。花些时间向员工们展现足够的真诚、坦荡的好奇心以获得员工的认同。在他们相信公司是怀着良好的期待，在员工中试图找到答案之后，再开始设计如何询问。

- 达成真正的共识。一起设计这个调研的流程——你的企业里有很多聪明的员工，邀请他们而不是一些随机雇来的顾问来帮助公司设计调研的细节，让它与你自己的团队有强烈的情感联系。

- 让员工真正感到安全。在证明安全性、没有妄加评论和允许失败时，要公开、清晰、严谨。

- 100%的开放和诚实。不隐瞒，不忽视，不监视任何人！（谁会想到最后一条必须写出来呢？！）

- 衡量重要的事情。找出真正需要被衡量的重要因素并不容易。例如，我们花了大半年的时间思考什么是创造心理安全的核心因素，什么是衡量"勇气"的可靠方法。但这里有一个建议：你了解到的任何信息都很重要。几乎可以保证这永远不仅仅是"花时间移动鼠标"或"花时间在某个浏览器或应用程序上"。

● 建立强有力的反馈循环。你所了解到的东西将会带来变化和进步。坚持询问你的员工并证明反馈循环是可靠的。这是一个持续进行的对话，从现在开始，员工们正在被"看到"和真正地被"倾听"。

如果我们想通过相互了解来共同成长，那么"要询问，不要窥探"应该是第一要义。这不应该成为"不允许'冒犯'或'窥探'"的一条规定，而是反思的时刻，我们开始思考如何以积极、好奇、开放的心态提出关心员工的问题，从而建立一个心理安全的"强大团队"。

团队幸福与人力负债

尽管是一些夸张的报道让你相信，如今那些成功的公司都拥有更敬业、更快乐、更高效的员工和高绩效的团队。但关键因素是他们的团队拥有很强的心理安全感。毫无疑问，这种幸福状态也可能被复制，但这需要投入大量的时间和精力。

构建价值观需要时间。如同人力负债不是一天形成的——我们并没有让员工一夜之间就感到不安全，因此也不会在短时间内就能以谨慎、尊重和欣赏的态度重建员工价值。然而，当我们不确定这条路有多重要的时候，我们又如何为这条漫长而艰难的道路做好准备呢？

首先也是最重要的，我们必须把员工幸福感话题从"有了也不错"变成坚定而紧迫的"必须拥有"。我不相信以提高道德标准为名义的商业概念，不完全是，至少有一部分动机需要具有商业性质，这样企业可以立即看到相应的价值。

在心理安全之前，尽管在学者和专家的努力下，有人证明了它对人员流动率的负面影响，也有人证明了对员工满意度的关键绩效指标的积极影响，但保持员工幸福的话题一直被看作是"在我们完成了重要的事情后，如果有时间和预算的话，考虑一下也不错"。心理安全改变了这一局面——它第一次与生产力有如此明确的联系，这个概念意味着员工在工作中更快乐，而你瞧，他们显然更有效率，对公司的业务更有帮助。那些数字原生公司，比如硅谷的大型科技公司都知道，他们的内在价值不在于创造的新技术，而在于他们建立了安全、快乐和敬业的团队，现在已发展成有弹性、强大和健康的企业。他们做梦都不会认为这些是可有可无的，因为他们知道这才是自己成功的秘诀。

● 心理安全与员工幸福

尽管团队的心理安全大大超越了许多概念，毫无疑问，它也被包裹在像员工敬业度或员工满意度等这些华而不实的概念中，关键的注意事项是，心理安全可以被诊断和影响，因此它是提升最低标准的执行杠杆，而其他的概念仍然停留在企业只能说说，尚无法实施的阶段。

大约10年前，这些概念非常流行，出现了一些表明满意度和工作效率之间存在直接相关性的研究，相关性的结果在20%~45%。利润增加 x%，在股票交易所的价值增加 x%，在下一个大洗牌的过程中幸存下来的可能性增加 x%，等等。每个首席体验官都有一两个这样的数字，并立志要实现它们。但随着时间的推移，他们找不到任何解决方案来帮助他们优先完成这些目标，那些数字自然也就下降了，取而代之的是更时髦、似乎更可行的其他概念。毕竟，当唯一的解决方案是在开放的办公空间如何摆放办公桌时，难倒没有人觉得自己有权力去解决隐藏着的更严重的问题：员工是否能感受到被倾听、被尊重和被满足？

"幸福"并不是第一个差点儿被管理层抛弃的与人有关的概念。几年前，"人才"这个词，带着崇敬的意味随处可见，而现在它几乎从大家的职位头衔或招聘标准中消失了，这确实很能说明问题，符合我们将人视为"资源"而不是"资本"的想法。

● 从虚无缥缈的概念到变革的具体解决方案

团队和网络概念在帕特里克的《员工敬业度的真相》（*The Truth about Employee Engagement*）一书中谈到过，他认为要提高员工敬业度，就需要让他们觉得自己很重要，有影响力，一直在提高，一直在进步。值得庆幸的是，这些都是可实现的。其中他提到的最后两项改进，从团队的角度来看，是指以透明、快速反馈和进度可见性为基础的改进目标，这在敏捷和其他有关新的工作方式的概念中都有所涉及。

这意味着，对敏捷的软件开发团队来说，构建幸福感的部分工作是靠程序的优势实现的，但讽刺的是，还有一部分是要通过人如何优先于程序来实现的。在这些团队中，符合帕克里特理论的另外一内容就是让人们觉得自己很重要的部分，我们人非技术公司相信这是问题的关键：让员工感到自己会被倾听，这是解决严重的人力负债的第一步。

这看起来很简单，也直截了当。"感觉被倾听"意味着团队不仅能听到，而且能听进去。这意味着他们很在乎。这种关爱只有在团队团结一致的情况下才会发生，因此，成员关系密切的团队，敬业程度会提高51%。此外，更重要的是，这意味着整个公司都"在倾听"。

它是涵盖了认可、士气、理解、健康的团队活力、响应能力等

内容的总称。同时，它也是开放对话的基础。另外，它还是员工能够感到安全、乐于学习的基石。

● 提高员工的幸福感是当务之急

高管们将不得不面对现实，彻底重塑他们对优先事项的理解，因为要与那些具有先进技术和服务、以人为本的企业竞争，他们自己也必须首先以人为本，这已成为越来越普遍的常识。随着翻天覆地的变化席卷整个行业，消费者需求加快了行业去芜存菁的过程，很多公司发现他们的生存受到了威胁，所以这一次的改革迫在眉睫，他们再也不能把缺乏工具作为拒绝进行有效改革的借口。

这些公司不再需要提高满意度这样模糊的概念，而是要有明确的解决方案和工具来实现这一目标。

没有再多的借口了，现在有软件可以提高士气、信任度和透明度；有软件可以评估人们的情绪状态；有明确的行之有效的方法提高员工的情商，比如让员工和我们自己学会倾听。

现在是时候了。

心理安全也许并不容易获得，但获得它是基本的、必须的，也是至关重要的——对任何打算参与竞争的公司来说，心理安全绝不仅是个还不错的选择。心理安全的团队是幸福的——是那种稳固的、更深层的幸福。因此，他们留在团队继续发展。但更重要的是，他们工作更努力，也更智慧；他们开放，好奇，有弹性，灵活；他们创新，成长，表现出色。

在谷歌、亚马逊，甚至在声田和爱彼迎这些知名度较高的公司，都有关于心理安全的数据。这不但是一个衡量员工幸福感的数字（尽管它确实存在），而且是心理安全相关度的具体测量结果和最低标准。这个数字并不公开，在某些情况下，甚至连员工都不知道，但它确实存在，而且与许多传统的其他业务关键绩效相比，这个数字更能够指导行动和决策。这就是以上那些公司做得好的原因。这就是他们可以利用技术对消费者的需求做出快速反应，并建立消费者依赖式的体验，从而大获全胜的原因。这就是他们拥有令人羡慕的"企业文化"的原因。

这是他们的秘密武器。

员工的幸福可以增加公司的收益，也可以延长公司在商业竞争中的寿命。如果你承担不了后果，那就不要忽略它。

第五章
用数字体现心理安全和情商

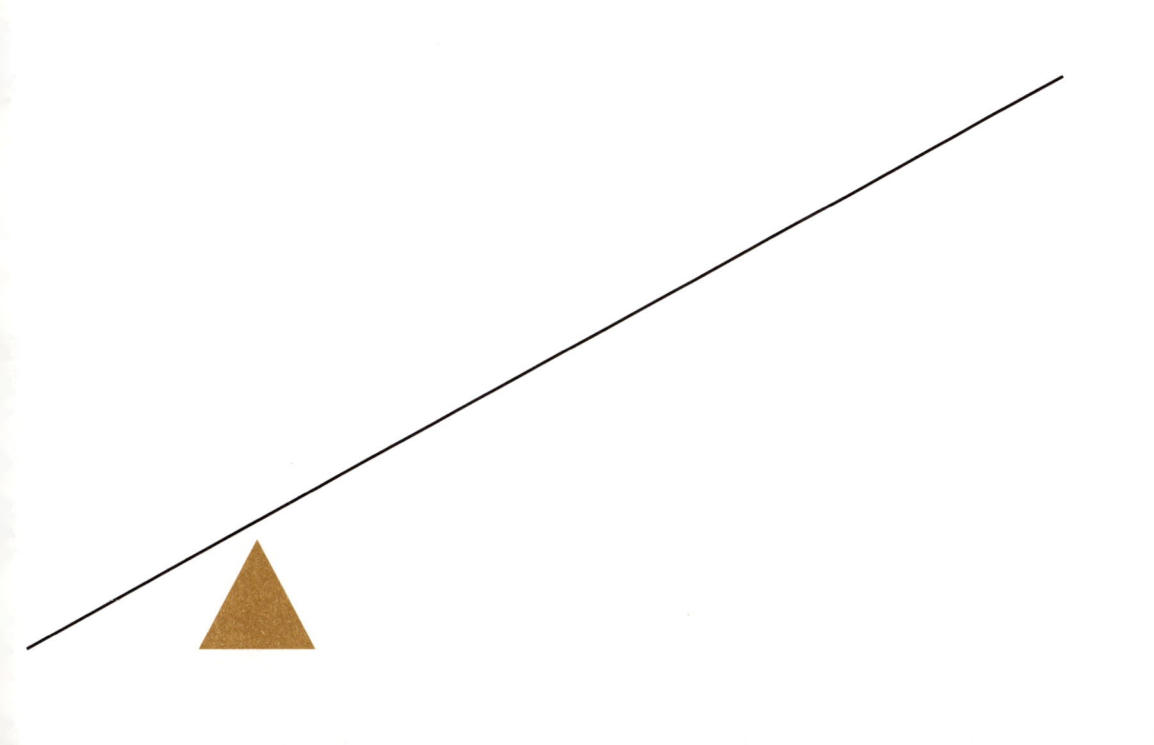

瓦解人力负债的突破口

真正做到以人为中心的赢家屈指可数。谷歌、亚马逊、脸书、苹果公司和硅谷的一些其他成功企业，或许我们也可以算上所有的初创企业，他们紧紧围绕着最初的企业文化推动力，并以员工作为核心开展一切工作。最后，还包括现有的少数大型企业，他们十分清楚需要围绕其核心价值——他们的员工——进行重新改造。不过，把以上这些公司加在一起也仍然只是一小部分。

显然，从一开始就选择正确的方式要比之后不得不重来一次或深入改革要容易得多。只有在明确认识到需求并主动投入的情况下，变革才有可能发生，这个道理无论对那些大型企业还是对个人来说都一样适用。对大型企业来说，只有意识到现有的经营方式——对技术债务和人力负债置若罔闻——将不再支撑企业发展时，他们才能认清变革的必要性。

没有公司想成为下一个百视达（Blockbuster）或柯达（Kodak），因为他们忽视了变革和创新的需求，在数字时代的短短几年内就从名声大噪沦落至销声匿迹，这些例子给许多心系自己企业发展的高管们造成了巨大的冲击。

在大多数行业中，出现了很多成功的典范，所以他们的"老派"竞争对手在过去20年中对其密切关注，试图找到这些企业如何迅速获得成功的秘诀。当那些传统企业深入了解了谷歌或亚马逊时，他们注意到了一种完全不同的工作方式——敏捷的思维方式，以及把员工作为一切工作核心的理念。

对这些大型企业来说，即使成功的范例就摆在面前，他们仍然经常迷失在自我成绩的标榜中，而对自身的缺点视而不见，因此很难理解他们的做法和理念与那些成功企业之间的差距。如果要他们承认确实存在明显的差距，就需要一些"证据"：幻灯片上的数字、关于风险缓解的实证研究和来自最佳实践案例的数据。这些数据要足够多，他们才有可能一下子获得启示和动力，主动说出"我们需要改革"。

任何一家公司在进行重大改革的初期，没有必要成为数字狂魔，并完全理解获得可参考数据的内在价值。从过往的经验来看，大多数公司在职场中进行人本改革之初，要么就是没有可参考的数据（或许我们普遍认为那些数据就是常识，人人都知道），要么就是当拿到数据时"为时已晚"。

对于数据的"为时已晚"，通常是指一旦某个理念在企业的集体潜意识中变得"华而不实"，且早已根深蒂固，那么就永远不会再度受到重视，不管有多少证据证明它有实际应用价值，并与公司的亏损与赢利直接相关。结果，大量的改革理念，那些数字和数据对他们来说，终究还是"为时已晚"。

大多数企业都清楚，人力资源的质量与稳定性对其成功至关重要。大量的研究用确切数字证明了员工参与度与多样化的有效性，还有很多数据强调了一个具有包容性工作环境的重要性，一些研究还谈到了员工的多种技能对于企业成功也很关键。

一项又一项的调查——无论是盖洛普的"员工参与度、满意度和业务单位层面的成果"调查，或者是埃森哲（Accenture）2018年对140家美国公司员工队伍中的残障、多样和包容"趋向平等"研究，都发现了一个直接的关系：那些在参与度和包容性方面表现出色的企业，其收入比其他企业要高出28%。其他研究的数据结果也证明了员工留任率或者人才储备的重要性，但如果我们进一步分析这些数据的性质，就会发现它们大多是可操作的。这些调查提到了是否拥有一定数量或类型的员工，或员工是否具备满足企业要求的基本技能的影响，但并未提及员工的生活，以及他们是谁，是什么让他们快乐并且拥有高效能的话题。

我们是否一直在测量错误的方面？员工们是否留下，或者他们是否快乐，这重要吗？我们有多少人，人均工作效率和创造的利润率是多少，这重要吗？我们在哪里和如何做事，或者是什么事，以及是否完成，这重要吗？这是一个实际操作或逻辑思维方面的挑战，还是我们应该把重点放在员工合作和创新上？我们需要的是员工的低效出勤，还是他们的创造力和影响力？

企业长期以来关注的许多方面如今已经被技术的速度和数字时代的新模式所颠覆。几代人从商学院学到的重要内容突然间变得无足轻重，但是很多公司高管却从未意识到。

很多公司仍然只顾着记录员工上下班的出勤时间，哪怕心里清楚员工满勤并不代表生产力。毫无疑问，在把人的问题放在首位的客观需要与企业领导主观理解人的问题是企业主导的、驱动生产力的原动力而不仅仅是有关道德的做法，之间存在着一条灰色地带，必须用数据来填补。要用有力的数据证明，消除人力负债对企业有实际的益处，是企业在数字经济中保持竞争力的唯一方法。

不幸的是，根据以往的做法，每次企业用数据评价员工，特别是进行绩效考核时，往往采取"命令加控制"以及"恩威并施"的方式。公司完全单方面主导考评，整个过程标准苛刻，缺乏尊重，且经常出现不公平现象。而考评的结果往往带来的是对员工的惩罚，这就难怪人们对职场中任何类型的绩效考核都如临大敌。因为哪怕一次考评带来不良后果（无论是经济上的还是地位上的）的风险都极高，人们自然会对此心生恐惧。

理论上，个人绩效考核的目的是找到需要改进的方面，进而为

了共同的利益而努力改进。这本来应该是公司上下团结的时刻，员工和公司将共同为双方带来一个更好的发展，但这种考核往往成为惩罚性的评估，因此很多人将其视为暂时阻止员工抱怨工作的手段。

此时，在理解员工的幸福与"生产力"之间的关系时，利用数据的理念便显得非常重要。不管用什么方法衡量，"生产力"可以定义为投入的工作量和理想的产出量之间的关系。我们都希望为了团队和公司的利益，以自己最好的状态投入到工作中。

无论我们把它统称为"体验"还是"快乐"，甚至如果我们把它包含的所有内容都归入"敬业"的概念——尽管这并不准确，因为它不仅代表高昂的工作劲头，还包括许多其他的方面——当人们不愿意去深入探索时，员工的幸福往往被忽视，这主要是因为当这个概念与生产力没有关联时，很难获得公司持续的关注。

至于职场中的心理安全，我们连判断它是否存在都十分困难。因此，哪怕公司的高管们意识到它的存在，要找到加强心理安全的新方法也极具挑战。原因在于，在这个领域目前几乎没有实用的工具和最佳案例。这意味着我们这些致力于构建心理安全的人，当我们试图说服企业相信心理安全的价值，并向他们展示它如此重要的原因时，其实就是在研究领域和商业领域的边界，持续地以整合模式进行着基础的实践。

2018年，英国城市与行业协会（City & Guild Group）委托Censuwide公司❶对全球范围企业中的1000名经理、高管和员工进行了一项调查，发现其中52%的员工表示他们感受不到心理安全，城市与行业协会将其定义为"由于感到缺乏支持而无法发挥自己最大能力，经常为自己对某事直接表达看法而感到担忧"。尽管94%的

---

❶ Censuwide公司是一家国际市场调查咨询公司，总部设在伦敦。——译者注

受访者表示工作中的心理安全很重要，但只有10%的公司会把它放在首要位置，而剩下90%的大多数公司甚至不了解这个概念。此外城市与行业协会还表示，43%的高管认为应该是人力资源部门处理员工的心理安全问题，而56%的员工则认为这是公司高管和领导者的责任。

虽然调查结果确实令人沮丧，但我个人认为，至少有足够多的受访者了解了这个话题并形成了自己的观点。拥有心理安全的员工会敢于尝试、勇于创新、保持稳定、坚定执行、轻松完成关键绩效指标，等等。无论公司用什么标准来衡量员工一年的业绩，如果认真跟踪数据，就会发现所有业绩最终都会反映员工的心理安全程度。

尽管在敏捷的环境中，心理安全程度更易衡量，也更加明显，但同样的概念也适用于所有部门中任何类型的团队。在传统的组织结构中很难发现员工表现出勇气、主动性、热情和毅力，因为这种组织结构并不受益于新的工作方式所带来的速度和内省空间。事实上，员工创造奇迹的故事在我们身边层出不穷，但这些英雄员工们往往拥有足够的安全感去成长、去做自己。

公司对员工有义务，要是这些义务能与具体商业实际结合起来就更好了。庆幸的是，当涉及心理安全时，它与每一个可衡量的维度之间的关联，实际上都可以用冰冷的货币来量化。

行为基础

展示以上相关性之前，首先要确定我们能够识别心理安全本身并能够对其进行量化。我在上一章详细介绍了一些在我看来拥有心理安全团队的所具备必要因素。这些因素主要与表现出的积极行为有关，如直言不讳，习惯于勇敢地表达自己的意见，灵活而有韧性，共同学习和实践，好奇心强等，由此也会带来开放、积极、投入、脆弱、真实和相互信任。另外，它们有时也与表现出的消极行为有关，如不敢直接表达自己的想法，害怕表现出无能、无知、消极、具有破坏性和冒犯性，或者我还可以补充一点，不专业。这些都是真实的案例，需要剖析和关注，但现实是，有时需要做的工作远比我们预想的要多，而要敏锐地关注所有方面其实并非易事。

在这里同理心对我来说是最大的变量。我们也衡量了有关员工行为的许多其他方面，但如果一个团队领导者或者一个团队成员无法避免因担心"看起来不专业"而进行印象管理，无法深入挖掘和建立联系，而这一切又都取决于他们识别和重视情绪的能力时，他们还怎么会关注提高自己的情商呢？在下一章中，我将更深入地探讨构建同理心的途径，但现在需要指出的是，将同理心作为人际关系实践的基石至关重要。

对同理心加以描述并明确它在职场中的重要性，也会起到促进作用，因为这会直接鼓励员工积极地关注自己和他人的情绪。提高透过对方的眼睛去理解对方的能力，会在各领域产生积极的影响，强化人们对多样性和包容性的真正渴求。尽管如此，由于存在"人力负债"，员工对于企业关于同理心不切实际的说法，自然会半信半疑，甚至拒绝相信。因此，我们建议公司尝试一个简单方法给予员工最需要的鼓励，那就是留出"共情"的空间。无论是每周一次的简短例会，还是某一天关于工作的集中讨论，大家可以利用这些场合通过互相询问诸如"如果……你会有什么感觉"之类的简单问题，使参与者相信公司重视并鼓励他们与他人换位思考。

推进这项工作的另一个有效方法，就是拿起布雷内·布朗的《敢于领导》这本书，由教练或团队领导按照作者总结的提升共情能力的练习进行指导。

测评一个人的共情能力是一项严峻的挑战。同理心在很大程度上存在于潜意识层面，虽然我们相信可以通过训练得到提高，但这从来就不是一项简单的任务，因为整个过程需要与他人真正地建立深层联系，但受个人因素（如童年创伤，情感或认知发展不足或大量无意识的偏见等）影响，多数人很难实现。这并不意味着这件事遥不可及，只不过多数时候难度极大。换句话说，一个人心理越健康、情绪越稳定，就越有可能与他人产生共鸣，因此他们更容易提升情商水平。与此同时，即便是我们这些仍在某些部门挣扎的人，只要获得足够的关注和支持，最终也能达到这种状态。

笔者发现，一些团队从各种版本的冥想练习中借鉴来的提高共情能力的捷径，大多数强调人与人共同的痛苦，或者实际上只是共同的经历（尽管不得不承认，负面经历有时会更快地将我们联系在一起，这是人类的本性）。当我们想办法整理出大家需要共同面对的现实时，彼此之间就会自然而然地产生联系，不费任何力气。所以有时人们只是简单地在谈话中讲述能够引起强烈情感共鸣的相似经历，就会有奇迹发生。

由于工作背景、实践领域或行业不同，我们对"外部"同理心的需求会相应地更强或者更弱，但也需要将其作为一项整体技能来发展，并将这项技能有目的、持续地应用于我们的团队。

要达到可以启动"人际关系实践"规划和构建的标准，我们还需加强其他必要的群体特征：勇气、好奇心、诚实、善意和热情等。这些如果与同理心一同出现在团队中，那么他们就会承认，保持强烈好奇心和高度敏感度对团队来说有多么重要，当然这需要"人际关系实践"关注到心理安全所有元素，如韧性和灵活性、整体投入、信任、学习和抛弃印象管理等。

在这本书中"勇气"一词反复出现，是因为对心理安全团队造成影响，并最终导致他们无法实现高效能表现的所有消极行为都源

于恐惧。团队的每次退缩，每次掩盖错误，所有回避、怀疑、谎言、漠不关心，都很容易归因于恐惧。因此，我们必须意识到勇敢是避免任何危险沟通方式的基础。

艾米·埃德蒙森教授之所以将她的一本书命名为《无畏的组织》，就是因为恐惧是所有组织反面模式[1]形成的根本原因之一。必须找到直接粉碎和根除恐惧的方法，否则我们将无法充分发挥潜力，继续创新和创造心理安全团队的魔法。

对所有团队和企业来说，逐步减少人力负债所需要的另一个重要群体行为便是保持好奇心，即对团队中与人有关的每件事都给予真正的关心并全心全意投入其中。

如果公司的企业文化缺少对自我发现的不懈追求，那么没有哪家企业可以产生自我强化的数据，并用这些数据证明关于人的工作对企业最终在商业上获得成功至关重要。因此，使员工保持好奇心是企业的一项基本的工作。

想要在企业甚至团队内部详细说明并鼓励以上任何一种群体行为，直接取决于他们是否有能力改变对这些行为的传统诠释，并证明它们是必要的和可取的。"许可单"的概念既适用于个人也适用于那些在企业层面上理解这些群体行为重要性的公司，认同将它们作为优先事项是提升公司所有业务和整体商业效益的重要手段。当公司真正深入地理解到了这一点时；当他们感到"从骨子里"需要员工时；当他们能够将这一启示真诚地传达给员工，让他们感到自己得到许可和鼓励，充满勇气，拥有同理心和关爱，全心投入工作中时，伟大的成就才会得以实现，"人际关系实践"会自动出现，人力负债随即开始减少。

---

[1] 反面模式（anti-pattern）指的是在实践中经常出现但又低效或是有待优化的设计模式。——译者注

干预措施和团队提升——"人际关系实践"

当我们全员明确了职场中减少"人力负债"的重要性时，就已经奠定了行为基础，我们也理解了构成心理安全的要素和情商十分关键。接下来要做什么？假如世界上所有公司都给予了许可，那下一个可操作的步骤是什么？如果下一步是"建立人际关系实践"，那么应该由谁来做，又如何去做呢？

显而易见的是，根据"人际关系实践"最纯粹的定义——关注和关心我们周围的人的习惯——它最终必然与每一个人都息息相关，而这个联系必须从团队的领导开始。这里的"领导"，不是某个头衔和职位，也不一定是指那些领导最有效团队的人，而是指任何有权让其他一定数量的下属向自己汇报工作的人。

当领导者意识到"人际关系实践"是工作中最重要的部分，一旦他们的情商达到一定水平，便会开始给予足够的关注，采用合适的工具进行测评和诊断，继而很快发现自己团队的行为方式是需要激励加强还是劝阻整改。领导者也会意识到，这个过程需要在团队层面采取某种行动，对成员们的互动方式采取一定的干预手段。

许多领导者会依靠专业教练的帮助进行不同形式的干预，转而根据自己坚持的理论框架和思想流派为基础，采用多种多样的具体措施。无论是问题行为还是约定俗成的做法，一般来说，这种干预包含以下几个方面：

● 宣传最佳实践建议。首先在更多的团队中阐明主题，普及其背后的概念并展示其重要性，这非常关键。（假设一个团队在某个方面存在问题，那么团队领导或教练可以首先在团队中将问题提出，然后用数据和统计资料概述：坦诚在工作中的重要性，说明它对团队协作和生产力的影响，接着向大家介绍其他团队在该方面的成功做法。）

● 定义目标练习。团队领导或教练鼓励成员思考一个可量化的成果，通过这个成果，很多被团队鼓励的良好行为能够很容易观察得到。

● 制订行动计划。在这一阶段，团队将在一段特定的时间内集中采取明确的行动，并观察这一行动所针对的领域是否得到提升和改善。有助于取得既定成果的做法可以包括，加强信息宣传，举行黑客松[1]大赛，团队练习和团队内部头脑风暴过程中产生创新做法。

● 执行相应的干预措施。干预措施的时间长短并不固定，干预的内容也要根据不同团队行为（是需要激励加强还是劝阻整改）而有所差异。

● 敏捷项目回顾。团队能够从干预的过程中得到学习，无论其结果是成功还是失败。最后一步至关重要，为了取得最佳效果，团队应该以绝对诚实的态度加以对待。

也许以上内容看起来有些不具体，但很明显，这些步骤在任何情况下都是行动方案的组成部分，决定了改革能否成功。但当涉及人的问题时，确保以上各部分清晰明确，合理设置，便成功了一半，因为它再次强调为了必要的团队合作，我们需要结构化的有效方法。一旦缺少团队合作，一些领导者很可能把这些简单的内容理解为难以捉摸和无法衡量的事。

任何一个构成心理安全的因素都可以通过合理的干预措施得到改善。这就是为什么在人非技术公司的软件中，我们较少关注技巧、诀窍和最佳实践，却更加注重培养领导者的习惯，在我们的数据和培训的帮助下，高情商将使他们习惯于将观察到的东西带到团队中，

---

[1] 黑客松（hackthon），编程马拉松活动。——译者注

并在团队内部寻求协助，最终确定采取哪些措施对团队行为产生影响。

在我们的团队软件解决方案中，"指导我"这一理念的作用主要体现在：团队面对大量数据，在试图找到问题所在并对接下来应采取什么样的行动方案而"百思不得其解"时，能够及时给予指导。与我们合作的教练倾向于采用非常机动的方法，在人际关系实践中一直坚持扮演优秀"协调人"的角色。换句话说，他们通常更关注为团队提供建议和指导，而不是在每个案例中详细说明团队应该做什么。

以下一些方法是针对特定行为进行干预的一部分，同时也包含在促进人际关系实践的主要活动资源库中。

● 人际黑客松。借用信息技术行业的说法，人际黑客松通常是指一种典型的干预活动，即在一段时间内——从几小时到一整天不等——团队聚集在一起，针对某个主题共同制定有创意的解决办法。无论是以幽默的方式还是关注公司文化和敬业度，团队的任何行为或目标都可以转化为一场黑客松，在这里各种干预措施的原型得以呈现并给予团队启示。

● 团队重启活动。正如前几章所提到的，围绕团队基本需求和价值观进行重新组合的做法非常有效而且应该定期进行，尤其是出现了"构成"因素会引发团队变化时。这个过程可以看作是对团队的有益重启，或者是对团队契约和共同目标的检验，借助每次活动也可以证明一些工具（如团队契约、文化画布等）的有效性。与人际黑客松相比，团队重启活动的结构更紧凑，流程更清晰，也需要更多的资金支持。不过作为干预活动，他们都需要大量的时间投入，二者不相上下。

● 挑战。这包含实践中更加琐碎的实例，有时来自上述两项主要活动，如团队在黑客松活动结束时，就已经完成了以改善团队某种行为目的的一系列挑战活动的设计，如鼓励团队成员畅所欲言的挑战活动（例如一项"总是问你两次"的挑战，就是在成员之间真诚互动方面存在困难的团队，鼓励他们多次询问每人意见的活动。再比如，举行"肆无忌惮黄金周"活动，鼓励团队在这一周中无论是通过表达个人意见还是分享亲身事例，大胆地表现自己最"出格"的一面和内心的脆弱，从而用实例展示安全感的真正含义）。

● 设计冲刺周期。设计的过程基本与黑客松活动相同，他们可能会使用专门"人本设计"（Human Centred Design）的技术和元素，为那些只是通过团队头脑风暴在白板上构思出来的尚未落地的实践活动提供更加深入的内容。

● 沉浸式练习。在适当的情况下，角色扮演是让团队成员理解人类价值核心问题的有效方法，因为"设身处地"这一简单行为会使他们在实际干预之后产生更高层次的共鸣，所以借用表演艺术的技巧设计这样的活动，特别是即兴表演，十分有效。

● 问责制培训。为了鼓励团队对人际关系实践拥有基本的责任感，应该在一些团队的人际关系实践活动中，通过某种形式定期对问责制进行内化。特别针对一些团队，其成员们的个人自主意识已被组织削弱、他们对自己能力信心不足，只会服从控制，并认为对自己团队的幸福负责是权力的表现。有一系列与问责制有关的做法值得研究，例如，增强个人责任感；或者保持对团队整体目标的关注；再或者，时刻提醒团队关注共同目标，警惕团队负面行为。不用说，其中最大的问责需求是团队领导对成员的问责，因此大家保持诚实的态度并专注于团队工作就显得至关重要。这一点可以通过团队保持警惕并密切观察工作进展的方式来实现。

● 重构视角。借用认知行为疗法（cognitive behavioural therapy），改变视角，重新定位团队问题或争议的做法是非常强大的。假设团队能够识别消极行为并对其根源进行讨论，然后遵循思维模式，将消极视角转变为积极视角，那么这种消极行为将会立即得到改正。

例如，有人说"我不敢说出来，因为害怕别人说我在抱怨"，那么按照这个思路，接下来会继续说"一旦我发牢骚，就会被人看成是没有建设性意见，不具备团队精神"。此时，与其只是简单变换一种说法，倒不如换一种方式重新理解："如果在团队中我们把抱怨看作提建议会怎样？因为这意味着大家意识到了问题，给予了一定的关注，并且愿意将它指出来。"也就是说"这意味着任何一个爱抱怨的人都是团队中的优秀成员，他们有勇气表达自己，并时刻把团队的进步放在心里"等。

- 奖励。找到最佳的方法奖励团队良好行为虽然困难，但极其重要。因为一旦奖励方法得当，它就可以有效地鼓励那些对团队有益的行为。在我们的团队解决方案中，把因不同行为获得的奖励结合到了一起，但奖励有益行为（如诚实、积极反馈）与为了加强直言不讳这种行为的奖励，在性质和价值方面都存在差异。我们合作的许多团队经常举行为了"我们的团队奖励"而进行的设计冲刺或黑客松活动，活动中提出了创意十足、具有成本效益、同时对团队也很有意义的个人奖励，如提供休假、颁发奖章等［根据杜克大学心理学和行为经济学教授丹·艾瑞里（Dan Ariely）的"奖励替代"理论，适时的小额奖励与大额奖励具有同样的效果］。

人际关系实践干预、有效的工具以及促进团队发展的辅导，都可以看作一种新的"团队建设"。我们强烈建议团队找到有效的方法来加强成员间的亲密度，并且着重关注个人的方法。

也许更具说服力的是，尽管艾米·埃德蒙森教授经常在自己著作出版的同时发表一些极具影响力的文章，并在文章中提出一些实用的建议，特别是围绕如何在失败中获得安全感以及学习不断创新的策略，但是她几乎没有提供任何实现这一目标的具体步骤，并且总是暗示心理安全工作的非线性特征。

另一个关于心理安全的理论是蒂莫西·克拉克（Timothy Clark）

在他的《心理安全的四个阶段：定义包容和创新之路》（*The 4 Stages of Psychological Safety: Defining the Path to Inclusion and Innovation*）一书中提出的，他将这四个阶段分别命名为：

第一阶段：包容

第二阶段：拥有学习的安全

第三阶段：拥有贡献的安全

第四阶段：拥有改变现状的安全

我们花了一些时间对这个理论进行分析，发现了其中的一些不足。我的不同意见是，心理安全并不是像一个分阶段的概念那样具有线性的发展进程。我相信不同团队活力，构成其个性特征的要素会不断变化，并产生多重交集和相互交织的发展阶段。我更认同心理安全是流动的，一直在变化的。与此同时，我也不认为感觉做出改变是被鼓励的与感觉自己有能力改变现状之间有任何差别。从概念上，将二者割裂开来令我十分不解。如果你想直接表达想法，就去表达，那是因为你相信改变是完全可能的。

我们有必要讨论学习的概念是如何融入其中的。能够共同学习代表着一种希望，是相互信任的基础，也代表着共同的目标感，因此那些善于分享经验的团队无疑会比其他团队更加亲密团结，而且成员们也会更有心理安全感。即便如此，一个人智力和情感好奇心的机制是复杂的，深深扎根于个人的信仰、发展历程和个人动机之中。若再加入文化因素，就形成了一张复杂的画布。在画布的最上端最清晰的一级，便是企业自身对学习的态度，它决定着企业集体行为。这样的做法可行吗？是否值得称赞？它是否被认为与创新和增长有关？它应该被鼓励吗？它是否深深扎根于允许失败的理念？

这并不代表学习不应该被测评。我们可以通过观察团队对知识的好奇心和对新信息的渴望程度来进行测评。但学习只是其中一个要素，并不能如上文所说，被看作"一个阶段"。在某种意义上，克拉克把它当作是企业文化的一种映射。人们是否觉得有义务学习，这固然重要，但我要告诉大家，比这个更重要的是，人们是否感觉自己的团队内部能允许失败，并渴望不断实践和创新。

这就是我们如何找到那些了不起的创新团队的案例，他们在最糟糕的企业里生存并发展壮大，这些团队有学习和改进的欲望哪怕其所在的企业并不鼓励如此。除了我不认同线性发展的分阶段方法（因为不够准确），这是我反对任何框架或理论的另一个原因。如上文所提及的，这些理论完全依赖于对某些做法的反思以及照搬那些成功企业的企业文化。我无法认同这些理论是因为构建心理安全是团队内部该做的事情。

气泡的概念，即发现问题并只在内部处理，对我们来说非常重要。在制定软件解决方案时，我们花费了大量的精力来加强"团队私密性"的特点，因为这项解决方案需要保持团队的亲密性。除非整个团队充分感觉到"气泡"的存在，不管工作环境中会面临什么，团队成员间都能以最真实的状态进行交流，否则他们无法在工作中取得进步。

我非常赞赏理查德·卡斯帕罗夫斯基（Richard Kasperowski）的理念。他在出版了《高性能团队》（*High-Performance Teams*）一书之后，又完成了一本名为《核心协议》（*The Core Protocols*）的书。与书名所示的主题不同，这本书以真正纯粹主义和非范式的角度讨论了情商的价值，以及建立拥有心理安全的高效生产力团队需要做哪些工作。作者在书中分享了他如何为每一个企业的人际关系实践设计个人培训项目并帮助他们提升绩效，这也能够看出他本人是一位"以人为本"理念的倡导者。

虽然我自己坚定地认为，没有什么可以取代手工作品或者人们面对面参与的主题研讨会能够带来的成就感，但是我确定，采取这种方法无法有效地消除人力负债，我们需要的是智能的软件解决方

案，在减少教练的人为干预的情况下主导一些人际关系实践。这是我创办人非技术这家公司的原因，同时也是我们应该将精力聚焦于如何提升情商，使领导者和他们的团队在工作中保持自我可持续状态与自我满足的原因。

任何团队领导者（无论是团队的领导者还是公司的首席执行官）在寻找软件解决方案来支持以情商和心理安全为核心的人际关系实践时，都可以参考以下指南：

● 不要听那些满嘴都是敏捷框架的术语的人在那里自吹自擂。这个话题已经够难了，我们需要用通俗易懂的语言给出简单的定义。

● 不要认为心理安全有很多阶段，造成最终可以"一劳永逸"的错觉。它从来就不是找到问题、解决它，就能一直拥有的东西。心理安全一直是一个变量，其中多个元素都会发生变化，随之整体状态也会相应改变。因此要将它看作是一种动态变化，而不是一次成长的过程。

● 不要理会那些排斥情商和人际关系实践的人。虽然"开门见山"或"对话式交谈"都是值得尝试的好办法，但它们并不是获得心理安全的灵丹妙药。对高情商团队领导来说，这些充其量是自己积压的大量工作列表中的一些干预活动，他们非常清楚如今重点的工作是如何帮助团队发展和拥有心理安全感。

● 不要相信任何企业级的报告和测评，这不是企业人力资源部门或管理部门关注的话题，它必须存在于团队内部。多年来，我们已经在人力负债中消耗了太多的员工信任资本，现已无力承受更多损失，同时也无法承受由于不能保护团队气泡内的心理安全隐私而带来的灾难性后果。公司想知道他们做得如何，可以去看看每个月整体的改进情况，没有比这更详细的了。

● 不要强制回答问题，而是专注于建立真正的对话，因为我们总是需要更丰富的答案。

- 不去检验印象管理是否存在，就代表没有严肃对待它的重要性。
- 只考虑使用"实时工具"，没有任何工具可以让你远程进行年度调查。
- 寻找解决方案从而实现在团队层面深入挖掘详细数据，并为团队留出空间，让他们自己或在教练的帮助下确定下一步工作方案。
- 只考虑那些保障员工绝对隐私的解决方案，不要去测评他们对此的信任程度。
- 找到奖励团队良好行为的方法，比如大声说出自己的想法。

来自不同行业的教训

心理安全是代表团队活力的整体概念，就其本身而言，它的应用可以跨行业，且适用于任何领域。尽管如此，在职场中它还是一个新兴的概念，随着越来越多的企业需要重视心理安全，它也需要通过日常的趣闻、故事和成功案例证明其重要性是不容否认的。

我们对心理安全的大部分了解都来自艾米·埃德蒙森教授的一系列研究，因此，我们能够了解的具有"魔法"的团队大都来自医疗、制药、科技和航空业。可悲的是，正是在这些领域最近发生了很多令人不安的案例，让我们意识到缺乏心理安全是极其危险的。

在波音737飞机失事的悲剧中（此处指的是2018年10月狮航610航班和2019年3月埃塞俄比亚航空302航班坠毁事件），后来曝光的电子邮件无疑让这些事故听起来了更加恐怖。邮件显示员工事先已经意识到问题的严重性，但由于心理顾虑便仅在内部小范围将问题说了出来。这就是典型的缺乏心理安全感的表现。艾米·埃德蒙森教授将波音公司的企业文化称为"因缺乏心理安全感而导致灾难性后果的教科书级案例"。

波音公司还有很多头疼的问题，例如，疯狂的生产进度，管理层在对新型 737 Max 与之前型号飞机的技术完全不同的情况下，还要思考如何通过取消额外的飞行员培训来降低成本。所有这些重要的问题都不是在担心重大不良后果基础上提出来的。

在医学界，护士、住院医师和医生如今都敏锐地意识到开放式沟通是获得内在安全感的重要途径，很多研究表明，医护人员缺乏坦白的沟通或不愿挑战治疗决策，很可能对患者安全以及最终死亡率产生灾难性的影响。而在医疗领域，这往往更加复杂，由于该领域的"团队"通常缺乏稳定性，也很难有可以不断尝试和磨合的舒适团队氛围，通常情况下，团队都是临时组建的，例如，紧急救助医疗队。为了获得心理安全而需要避免的许多行为，如印象管理，在各行各业仍然很普遍，也带来了很多问题。

2016 年，研究人员通过一项关于在德国工作的土耳其新移民人群的研究发现，心理安全感强的员工，敬业程度更高、心理更健康、离职率相对较低。与在同一家公司工作的德国本地同事相比，这种关联性在移民群体中似乎更明显。这同样也表明，对于那些认为自己更弱势或更脆弱的人来说，心理安全的作用也更加凸显。也许此发现在商业中应用的最佳例子仍然来自谷歌，他们公开表示，把亚里士多德项目的发现应用到某网站页面中：

> 谷歌的员工超爱数据。但与其坐在那里等，他们更喜欢行动起来。因此在亚里士多德项目之后，我们设计了一个实践工具，即在五个动态维度对团队进行 10 分钟的诊断，然后形成团队表现报告，再与团队成员直接对话讨论报告结果，并量身定制本团队发展资源，促进团队进步。

在过去的一年里，在谷歌 300 个团队中有超过 3000 名员工都曾使用了这个工具。那些采用了新工作模式的团队（比如，每次团队项目启动会议之前，首先分享自己在前一周做了哪些新的尝试）在心理安全这一项的评分比之前提高了 6%，在组织结构和团队透明度方面的评分提高了 10%。各团队纷纷表示，虽然之前几乎没有围绕团队效率和驱动功能的框架来探讨这几个动态维度，但截至目前，它已经成为实践过程中最具影响力的部分。从都柏林的销售团队到山景城的工程团队，我们证实了对这个框架的重视能够帮助所有类型的团队提高。

企业在看到数字之前对员工和团队关心较少的原因

在人非技术公司，我们坚信在团队中心理安全的培养是目前在职场中所能调查到的最重要的绩效杠杆。正如之前多次强调的，与人相关的一些宏观概念在很多企业和机构内部仍然相对较新，倘若不用足够的数据将这些概念与员工的生产力和效能联系起来，它们难免与那些华而不实，不得要领的"以人为本"的说法混为一谈，并最终与其他成功要素一起被忽视。

员工的"敬业度"、"满意度"和"幸福感"一直被看作是对任何企业都非常重要的事情。但坦白地说，时至今日它们已逐渐被忽视，并在企业优先事项中不再被排在首位。它们在意识形态与资金预算的"斗争"中不可避免地败下阵来，失去了"真正优先"的地位，让涉及法律或公司运营的事项排在了最前面。没有董事会明确说他们并不关心员工的幸福，我也没有看到哪位领导在公司的战略会议上明确指出员工的幸福不属于风险战略的一部分，但是它从来不是第一要务。

这些年，根据近距离了解人力资源部门困境的一些经验，我推测，在某些环境中，对这些内容的重要性缺乏认识，对其忽视和降级的做法直接说明企业用来体现员工幸福感的主要指标仅仅是他们的"留职率"而已。企业会听到："看，你的公司正在流失大量人才，解决它需要花一大笔钱。如果你想降低离职率，就必须先让员工们开心。"大多情况下，公司没有采纳以上建议，并制定实现目标的实施计划，有关的实用建议和可操作的详细计划也从未出现，在某种程度上，它甚至未能以预期的方式与企业引起共鸣。我猜测其中的主要原因是，这个建议引起了企业动机中"恐惧"的一面，如果想真正产生影响，应该唤起存在于动机中的"贪婪"。

如果统计数据都是正确的，当公司被告知"员工幸福感每增长1%，公司业务就会随之增长40%"时，他们还会对这件事情反应迟钝吗？绝对不会。也许他们早就想办法提升员工幸福感了。请注意，这恰好也意味着，公司不得不先确定员工目前幸福程度的水平——哪怕不是对所有公司，至少对大多数公司来说，这都是一个模糊的区域。

在这个过程中，那些专业人员极有可能会逐渐失去兴趣，他们对业务不再有好奇心，不再渴望找到能够引起"贪婪"动机的数据，也就是说，他们不需要证实那些所谓华而不实的人本概念直接与大家口袋里的钱存在关联性，每一个人就会默默地接受员工幸福感的需求与公司的打印机、新规定或数据中心一样，并没有那么重要。

顺便说一句，我感觉这种奇怪的现状一直存在，已经或即将造成人力资源部门职能的衰落。作为理解员工、帮助员工、助力员工的部门，他们并没有强化公司中人的重要地位。只要他们这样做了，哪怕是收集我在上文提及的那些数据，该部门的重要地位也会随着对人本概念的重视一同得到提升。与人有关的工作将会超越公司运营和财务被放在首要位置，成为至关重要的因素。

如今在其他商业领域的驱动下，测评成为新兴话题，出现了更加贴近测评人本工作的首席技术官、首席信息官，甚至是风险管理官。那些成功的企业，与人力资源部门的人员比起来，他们更加关注如何修复和改善人力负债所产生的问题，以及如何利用来自运维一体化社区的数据证明企业在全面建设数字化、保持创新性或持久性的过程中，人的重要性。

很明显，只有勇敢和幸福的人，才能形成更加优秀、充满凝聚力、开放和快乐的团队。因为他们向大家证明了这与更好、更快和更持久的企业成就直接相关。

相反，像医疗保健这样的行业有一个更加紧迫的任务——患者安全。这方面的数据非常清晰，主要归功于艾米·埃德蒙森和其他学者们所做的相关工作，他们考虑到医疗团队缺乏心理安全会对患者安全造成直接影响。这是一个不可忽视的指标，没有哪家医院会选择降低它的级别。讽刺的是，这里的衡量指标并没有体现"道德"和"尊重"，它只是在医疗保健领域中一系列详细定义的数字罢了。这让没有任何详细定义的数据指标的商业领域自愧不如。

有些人谴责利用数字探讨与人相关的话题。也有人声称过度剖析和过分关注生产力是非人性化的。还有人认为在人性的后面加上美元符号极其低俗。我想说的是，没有数据，我们的员工就会继续陷入企业不良对待的恶性循环——没有反馈、不愿倾听和缺乏尊重的现象会一直持续。如果我们根本没有数据，那也就无法定期公布它们，我们自然不会建立拥有心理安全的团队，团队里也不会有幸福的、共情能力强且情商高的成员和领导者。

一些企业在始建之初便把以人为本作为企业文化最重要的内容，强调团队必须拥有心理安全，每一个员工都能感觉被倾听。

对于企业来说，善待你的员工，改善他们的职场环境，让他们感到快乐和安全，一定会获得回报。我们相信，为了能够成功，减少人力负债必要的工作，我们需要首先让心理安全和生产力之间的关联数据成为这些公司的业务中最有效的衡量标准之一。这些数据必须由广泛认可的数字构成。

尝试实践的实验

我认为，如果没有确切的数据证明生产力与心理安全直接相关，那么商业领域将永远不会将心理安全作为优先事项。我决定找到获得这些数据的方法。

考虑到我对敏捷的关注，以及坚信它的真正使命是强调幸福人类的重要性，我笃信，从敏捷关键绩效的角度认真观察，一定有一个获得心理安全所需的数据范围。于是，我首先确定了一项可行的研究，并立即去商业社区寻找最佳团队。

在进行团队征集时，我这样说道："这个想法很简单。首先，对一些常见的敏捷关键绩效指标统一标准，接着对两个团队的心理安全程度进行测评。然后，我们选择一个团队的领导并支持他在团队内部全面提升情商水平。在此过程中，我们要确保该团队在每次项目启动和项目回顾时，都注意到这一点。一般来说，我们会使用一些有效的干预措施加强团队整体的人际关系实践，并通过两个冲刺周期专门提升心理安全的各个构成因素。然后我们再看接下来会发生什么。如果我的假设正确，那么短时间内就可以看到心理安全的提升与敏捷关键绩效之间存在直接的关联。"

在我发出征集邀请时，仅剩下短短三个月的时间来收集数据，于是我专门询问了那些机制足够灵活、没有繁文缛节的公司是否能参与我的研究。

接下来发生的事让我大吃一惊。我没有预料到会有如此多的公司主动参与，并认为自己符合如下要求：应用敏捷，同意测评，机制足够灵活，可以马上开始组织使用人非技术公司的心理安全团队解决方案，执行速度快，足以让我们有时间来改进其中一个团队。当然，我也没有预料到接下来会遇到诸多挑战。

为了省去你的各种猜想，我来直接公布，本书并没有包含我所期待的神奇数据，也没有完成两个团队的案例研究。不过总有一天我会为大家找到这个数据——请相信在努力根除人力负债方面，我本人十分坚持，而且，这一过程还有很长的路要走——出于一些原因，目前还没有成功。但是我们一致同意，非常有必要向大家公开介绍整个实验的细节。毕竟读到这里的每一个读者，已经自然形成了一个团队，作为团队，我们应该公开分享研究的发现。

在我接触过的许多团队中，有些团队被证实正是一些无能的领导，缺乏真正鼓舞人心的领导力，造成了糟糕的团队环境——不管他们在基于敏捷"畅所欲言或消除抱怨"的原则下，是怎么证明自己是勇敢且"清醒的领导"的——有些领导在团队内部进行了一些非常规、独树一帜的调整后，多数情况下，又没有能力保持后续工作的井然有序。他们清楚自己无法在需要的时间段内做出及时的回应。

也许最令人惊讶的是在我参与评估的敏捷公司中，几乎没有几家真正地进行了全面的测量。他们通常认为自己做到了，但当我详细询问该公司敏捷关键绩效指标的历史数据时，材料的缺失便一目了然。我一直希望自己能够找到的测量指标是专门针对软件开发团队的，比如任务完成的速率，编码输出测试的方式，以及数据的"清理"程度，等等。我甚至大胆推测如果增加由工作速度、准确度或积压工作的类型和质量体现的 Scumb 关键绩效指标，测量方式将有可能不仅局限于软件开发团队，同时还可以适用于大多数应用 Scumb 的其他行业。

如上文所说，在我所评估的所有企业中，最重要的发现是他们都认为自己已经掌握了这些测量指标。我访谈的企业内部主管中，无论是敏捷培训师，还是首席技术官，甚至是某一个团队的领导者，当我对公司是否有测量指标且指标是否可靠表示质疑时，他们都无一例外地给予反驳，并向我保证了测量指标的可靠性。

但是当他们意识到这些测量指标要么仅存在于纸面上，要么已经成为不同团队所独有的成果，或者已经很久没有使用过时，他们脸上出现的惊讶表情让我觉得非常有趣。在 8 个团队中只有 5 个有合适的测量标准，而其中还有 2 个团队使用的是与传统的公司损益目标相关的指标系统，并没有将测量标准与敏捷的关键绩效相关联。剩下的 3 个团队尽管在内部使用了不同的术语，但确实制定了专门测量速度和准确度的方法，这引起我的极大关注，接着我把注意力集中在选择哪两个团队参与到我的研究中。

在之前的每个案例中，我们都指定了互为对照的两个团队，向他们简单地解释心理安全的概念，并通过一些培训教他们如何回答问题（对团队 A 来说，实验唯一的要求是，他们不能做与团队改造有关的任何事情，就连"公示板"软件也不能使用，直到几个月后他们接受再次测试。团队 B 则接受了更深入的培训，为接下来的实践干预活动做准备。干预活动的目的是在心理安全程度结果的基础上改进人际关系实践）。在理论上我们同意尽量使两组的实验同时进行。

X 公司是一家软件制造商。这家公司有智慧，有见识，知识储备良好，有敏捷"内核"，有条件成为完美的研究对象。公司拥有相对健康的团队分布以及团队构成。他们致力于制造最先进的产品并全力快速发展。就在我们开始组织实验的时候，他们意识到我们这项研究并没有通过公司内部任何审查时，表现得十分担心，并开始犹豫是否应该参与。尽管事先他们已知道我将有可能把该公司实验结果写进这本书里，哪怕公司会被隐去名字。

一旦有了这个想法，他们参与配合的程度就急剧下降，并要求把几份文件发给人力资源部门并从他们那里获得正式批准。在等待批准期间，我们的实验工作全面暂停。于是我亲自去找人力资源部门谈。一开始他们公开反对，最终表现出公平的态度，肯定了项目的价值，甚至最后他们自己也对项目很感兴趣。在耽搁了几个星期之后，我们终于可以继续。但仅一天后，我们又得到了不好的消息。人力资源部门认为自己无法做决定，在之前的部门已经审查了这本书的协议并予以通过的情况下，重新把项目材料发给法务部，要求提供"正式的许可文件"。鉴于我了解法律团队已经积压了与疫情相关的大量法务工作，于是不得不遗憾地承认，出于害怕而进行的审批循环可能不会停止或者一段时期内不会停止。"敏捷模式的心理安全"在与"害怕导致的官僚主义"的交锋中，以0∶1的比分败下阵来。

Y公司是我们考虑放弃的参与对象。因为随着对公司发展历程的深入了解，其中的问题也更加明显：公司面临着深层的挑战，存在大量的破坏行为。我担心实验结果会因为公司内部深层的问题而被严重干扰，以至于不会带来令人满意的反馈。可是我还没来得及表达我的担忧，就已经失去了决定权。最初引起我们关注的公司创新先锋，在公司的会议上受到管理层的各种问题的刁难还被指责整天思考一些愚蠢的问题——你看，如果由这些管理者处理这些问题，员工们不会有生产力——各个团队的领导都同样地被"洗脑"："当任由你的下属在这种事情上浪费时间，就已经失去了对他们的控制。"结果很明显："敏捷模式的心理安全"得0分，"无知的命令和控制"得1分。

最后一个案例是Z公司，它有一个厉害的"敏捷超级英雄"。无论是通过公司内部的小故事，还是涉及多个方面的实验前结果，Z公

司都体现了高水平的心理安全程度，完全优于前两家公司。但是公司的工作氛围，使人们根本无法进行有效沟通，同时也暴露出存在大量繁文缛节的问题，但他们对此置若罔闻。

Z公司也曾遇到过与X公司和Y公司同样的挑战，但他们都成功克服了。但是没有意识到其他的问题：员工劳累过度，沟通不力，无法在新的远程世界中有效组织起来，几乎不会从团队整体福祉的角度考虑问题。以上这些因素意味着，尽管他们自认为符合要求，但实际上，由于应对不够灵活以及不思进取，他们并不在我们的考虑范围内。这并不是出于恶意，而是因为公司团队已经出现了一定程度的功能障碍，所以在我设想的时间范围内完成案例研究，根本不可能。

这就是如今没有出现在研究报告上的那几家公司的故事，如果你正在改善员工的生活，这些故事也许用得上。但我已下定决心继续研究，努力找到一种方法（最好是敏捷）证明其相关性不容置疑，而且很多公司也已经对此认可，他们只是需要更多的时间。我目前正在评估它们的适用性，以期在未来能够发表一些研究成果。

测量小团队，企业大成就

如果我们不能在企业层面上对心理安全本身进行测量，那么就在团队层面测量它。让我们在自己的团队气泡中，在心理安全指标（如在本书前几章总结过的一些指标）的指导下进行测量。

我们员工的开放和诚实程度怎么样？有多大的灵活性和韧性？他们一起学习吗？他们会一起做一些勇敢的事吗？他们不怕失败吗？他们开心吗？有印象管理吗？会大声表达自己的想法吗？如果我们把心理安全分解成以上主题，就可以开始进行可量化的微观互动，并希望通过上文提到的人际关系实践中的干预措施对员工们进行积极影响。

我们可以收集这些数据，将其与内部绩效测量标准联系起来，并将测量标准应用到公司层面，以支持心理安全的重要性。更重要的是，我们可以掌握更多信息来指导自己团队的行为和人际关系实践目标，以便在企业层面尚未意识到重要性时，我们仍然可以在团队气泡中取得足够的胜利。

大企业采用的一些传统测量和民调工具往往比较笨拙，受呆板的语言所影响，经常与员工日常的现实生活和常用的语言完全脱节，例如360度绩效评估、年度调查或脉动调查❶。虽然这些调查中有时会试着增加一些心理安全的元素，但现实情况是，我们需要彻底改变调查的视角才能进行有效的测量。首先围绕心理安全最基本的要素进行测量，内容包括：反馈频率、绝对的诚实程度、是否看到明显的关怀、是否缺乏惩罚性措施，等等。在我的脑海中一直有一个疑问，即这些测试的结构是否应该长期存在，因为它们不再满足于发展人际关系实践的诚实目标。

一些民意调查的方法可以保留也应该保留，因为从中能够发现一些与人相关的必要工作。例如，从声田公司开始，许多软件开发人员的团队都使用相同的团队结构和相同的敏捷方法，如 Scrum。Scrum 采用了"团队健康检查"模式，要求参与者在一个冲刺周期结束时，在一系列的主题项下分别评分，如"支持"、"团队合作"、"棋子或玩家"、"任务"、"健康代码库"、"合适的程序"、"传递价值"、"学习"、"速度"、"容易释放"和"乐趣"。它有一个信号灯系统，进展顺利显示绿色，不顺利时是红色。这个方法非常简单，在提供团队

---

❶ 脉动调查（pulse survey），是向员工发出的一组简短而有规律的问题，以提供关于员工满意度和参与度的有用信息。——译者注

快照方面非常有效。

如果我们把技术方面的意见从以上要素列表中排除，这些要素会被证实与我们团队解决方案的测量指标存在大量重合。因此声田公司的"团队健康检查"结果也可以体现团队成员是否能够拥有心理安全感。从某种程度上，它只是一个初步的方法，却是形成人际关系实践意识的基础。

最重要的是，测量和诊断不能也不应该是一项毫无意义的工作。这项工作与团队行为即时相关，并对整个团队透明公开。

关于个人行为的微观改变，有一个例子：我们正在合作的一家公司受到"暗示理论"的启发，实验性地进行了"提示"的措施以了解该公司如何鼓励员工摒弃那些不健康的行为。在人非技术公司的团队解决方案中，我们已经通过奖励和匿名相结合的模式总结出一个具体的方法，并且鼓励员工寻找更好的方式。

在某种意义上，仅仅是决定开始去关注某一项团队的人际关系实践就会带来人们对于工具、想法和干预活动的需求，同时，创造内省空间以及对团队的情绪和行为进行分析的做法，也会转换成团队更强的心理安全感和更加出色的绩效表现，从而在实践中证明其对企业的巨大价值。因此我们都应该努力找到更清晰，更精准的角度及其相关的数据来唤起企业对心理安全的重视，这样我们就可以放松一下，因为企业会努力降低人力负债。在这一过程中我们还要坚持对企业进行测量和诊断，或者不急于一时，先在自己的团队气泡内实现以人为本的工作，直到企业层面看具体的赢利数字并最终理解心理安全的价值。

第六章

软技能是块硬骨头

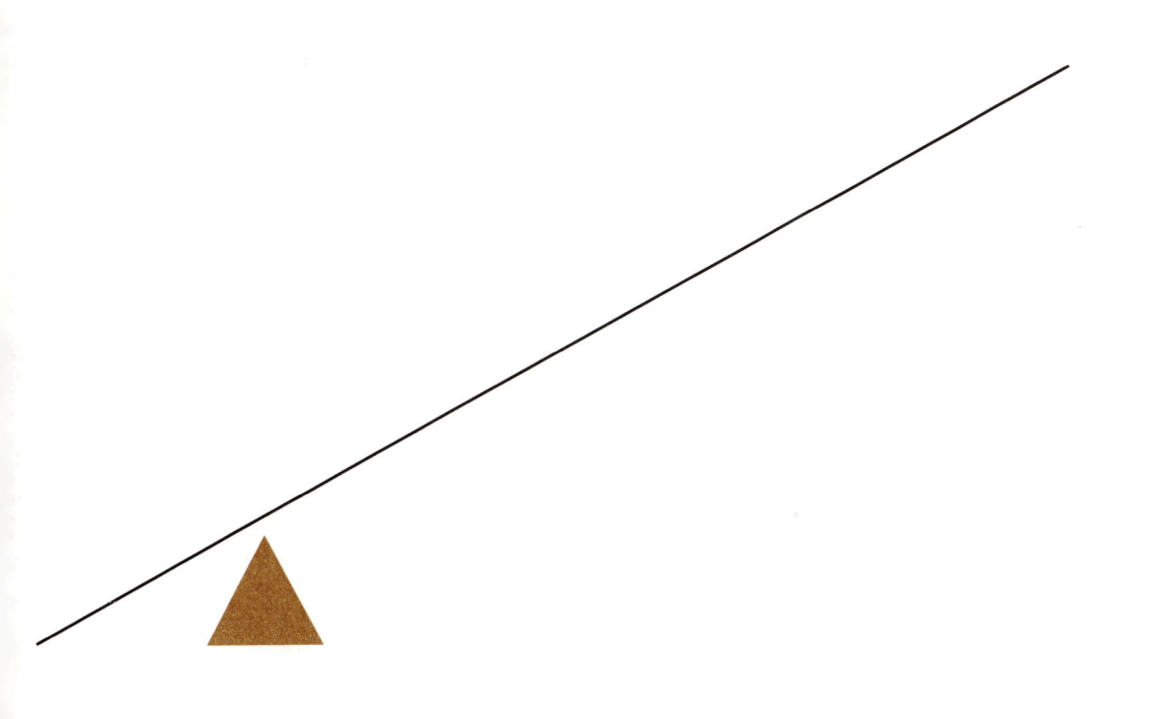

硬技能与未来

卡耐基理工学院（Carnegie Institute of Technology）的最近一项研究表明，一个人的财务成功，仅有15%与本人的专业知识或智商有关。如果假设财务成功就是用金钱代表这个人的工作贡献，那么我们就可以合理推断在职场中，很多其他要素都比我们的专业知识重要得多。很有可能，另外85%与我们的交往能力、团队合作能力和敬业程度有关，其中最重要的是，了解和诠释我们自己的情绪，以及用同样的方式理解他人的共情能力。然而这些要素在大多数工作场所既没有被测量也没有得到提升。

理解这个假设的关键在于对"知识"的定义——如果将其限制在代表正规教育、针对特定行业的某些技能和知识水平，很可能在当今工作环境中成为发展的障碍。

此外，企业发展方式的多样性使其内部等级结构更加复杂，他们不得不（也许是自愿的）结合团队概念和执行团队合作，这就意味着人们不得不表现出多种能力而不是仅仅具备理论知识。

在一些行业中，很多公司已经经历了从只看重人才的"硬技能"和传统定义的"知识"，到新标准的转变。与以往不同，他们招聘的人才很多都来自以前从来没有考虑过的领域，或者是那些具备多领域或"无关"专业领域的知识和经验的人。一些公司，如摩根大通（J.P. Morgan）和联合利华（Unilever），已经宣布与传统的所谓对口专业的人才相比，他们更欢迎其他学科的毕业生。有一些企业则更激进，他们将接受正规教育的要求彻底从招聘条件中清

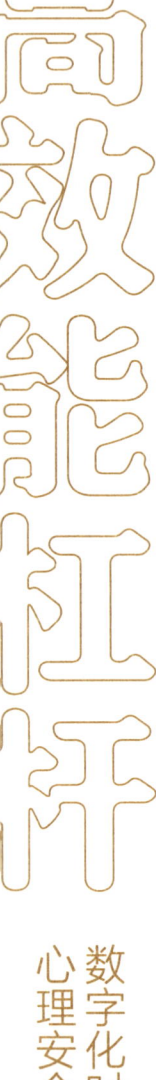

除。其中最有名的是苹果公司、星巴克和星展银行（DBS）。在很多地方，这样的改革仅仅开始于头脑中的一个实验性的多元化目标，但已经被证实拥有多方面的益处，同时也标志着完全不同于传统招聘的全面改变。

我们之前提到，世界经济论坛曾预测在人工智能时代，会有7500万个工作岗位消失，随之而来的是1.13亿个新工作的出现。人们不得不思考，在这些新工作中，有多少仍然需要传统意义上的知识和技能，又有多少要求我们体现人性化并掌握与之相关的大量"软技能"。

围绕情商、成长型思维模式、同理心、目标的重要性的论述和研究不断涌现。然而，即使是在这些方面做得最好的公司，这也只是漫长而艰难的道路的开始，因为目前的企业文化并不能助力我们寻找、发展甚至是适应软技能。

对于那些对获得软技能充满好奇心的人来说，技术知识就像是廉价的商品很容易获得。可以说，那些拥有智慧和专注力的人努力消除这个数据时代强加给每一个人的信息膨胀。尽管如此，在一个最基本的聊天机器人可以复制它的时代，损害独特的人类属性的训练是一种非常危险的策略。具有同理心和同情心，努力成长，有目标，有韧性，拥有敏捷思维，相信共同的愿景，具有利用新视角改变路径的灵活性，一直追求进步，向更高目标不懈努力，专注，善良……这些就是我们需要寻找的最佳软技能。

职场中的人类情感

为了获得员工在工作中迸发的神奇力量，我们需要为他们提供多方保障：真正灵活的工作环境、新的工作方式、有自然光的办公场所、子女的照顾、时常提供津贴作为小惊喜、组建心理安全的团队、配备善于鼓舞人心和乐于助人的领导者等，但最重要的是，我们必须给予他们充分的许可，使他们在公司中切实感受到人性化的氛围。

缺乏这种许可是人力负债概念中不可分割的一部分。在工作中表现出强烈的人情味从来不被容忍或接受，更不用说被鼓励了。我们在职场中的大多数情况下都要面对古怪又心照不宣的规矩，专业就代表毫无感情。在严肃的工作场合，绝对不能展示个人情绪，每个员工进入公司之前都要反复自查。这当然非常可笑也不可能实现。人类停止展示自己的情感就像让他们停止呼吸一样。做这些无意义的事就是为了训练我们假装毫无感情、麻木不仁，并把我们看作是没有感觉和自然人类反应的"机器人"。装模作样的游戏已成为几乎所有的企业都推崇的常态，只在最近的10到15年里，当数字精英们从头开始建立企业文化致力于消除人力负债时，这种常态才遭遇到挑战。

智商与情商

尽管"情商"一词早在20世纪60年代已首次出现，直到20世纪90年代中期，随着丹尼尔·戈尔曼（Daniel Goleman）《情商》一书的推广，情商才受到广泛关注，从此出现了一定数量的相关研究。尽管这个术语40年前就出现了，但目前情商指数只通过一个主要的测验——梅耶-沙洛维-库索情绪智力测验（the Mayer-Salovey-Caruso emotional intelligence test，一项对个人感知能力、理解能力、行为和情绪管理信息能力的测验）来获得。即便是这个测验也一直饱受争议和批评。而与之对应的另一个概念，智商却包含数百个标准化术语。

有趣的是，出现这种情况的原因既包括研究主体不足，又包括任何检测受试者识别并说出情绪和行为名称能力的测验，都依赖于测试人员与受试者之间存在约定俗成的协议，这涉及语言、术语以及社会契约，其性质十分复杂。

虽然存在很多不同情商类型，但它的定义主要围绕以下能力：一个人必须充分了解自己和他人，能够识别情绪，并利用这种认知来指导他们的思维和行为。因此，我们有理由认为，在不久的将来拥有这种能力不仅对成为一名领导者至关重要，而且在以人为本方面保持公司的竞争力也很关键。那么接下来的问题就是："我们的情商可以通过训练来提高吗？"

在我的职业生涯中，我从来没有想过"最终会成为敏感脆弱的人"。我热衷于技术，就用技术生产产品，我为了管理团队才逐渐对敏捷方法极为推崇。所有这些都是为了避免自己过于深入和认真地关注"感觉"。我自己也曾被孤独症困扰，那时我总是在想，如果所有的答案都在我们所应用的技术中，那一切就简单多了！

一些媒体将情商描绘成是孤独症患者无法拥有的东西。知道自己有孤独症后，我便简单地以为我在共情能力和通过直觉识别情绪的能力方面得分会很低，也觉得这就是我在情商这件事上的能力总和了。像许多技术人员一样，我有时甚至为自己在情感上的"辨别障碍"感到骄傲。

我承认，受到当今世界金融科技热潮的影响，以前看重"情感银行"的人则希望涉及的情感越少越好，而若要与科技相关则多多益善。情感太丰富容易痛苦。所以相信我，我都明白。检验无形的东西（比如人的情感）令人不安，但检验后的结论有意义，这条道路充满艰险。这当然不适合脆弱胆小的人，也不适合那些追求安全感的人。一个人不去冒险，就无法对所有事情进行诚实、公开的探索。

近几年，我注意到患有孤独症的小儿子是一个情感上的小小爱因斯坦，他具有不寻常的共情能力，尽管通常情况下，这是完全不可能的。在那时我才开始意识到进行情商训练的可能性。

我的孩子 10 岁。下一代是每一个父母成功的动力，我的孩子也不例外。为了获得他的认可，大多数的早晨我在 4 点 45 分就起床了。令我伤心的是，因为他妈妈，他把让自己感动的标准提高了。一场网络研讨会或电台采访会让他兴奋不已的日子已经一去不复返了。自从《情感银行》(*Emotional Banking*)一书出版后，他就期待更优秀的下一部作品，这既让人精疲力竭，又让我觉得这是最大的动力。

一部分原因是这本书以及他对我的工作的兴趣，另一部分原因是我很早就发现了我的儿子也患有孤独症，因此我很早就专注于帮助他明确不同情感的定义和使用场景。这样的教育就好像是落在了情商和同理心本该贫瘠的荒原上，这本应该发生在任何一个孤独症患者身上，但以他为例，情况并非如此。我的小儿子像海绵一样一点点地吸收外界的信息，并花时间进行观察和提炼。尽管他更乐于分析别人的感受而不是自己的，但在情感上他现在有一些像小"雨人"[1]。对一个孤独症孩子来说，他不可思议地能够对情感保持清晰认知，他总是在好奇地关注着它们。现在那些不同的情感显然已经成为他的"特别的兴趣"，与正常人一样，兴趣可以成为强大且持久的驱动力。

像他一样，许多孤独症患者实际上有情感上的同理心（即能够本能地对别人的想法或感受产生适当的情绪反应），也可能在认知同理心（能够认识到某人确实有一种感觉）方面有一定困难。虽然他

---

[1] 《雨人》是一部美国电影，主要讲述患有孤独症的哥哥与弟弟之间的故事。——译者注

们无法进行正规的课程学习，但能够接受学习这件事或是对它产生兴趣，这似乎就是我儿子的情况。

目前社会上仍有大量未报告的孤独症病例，并且对那些高功能、高水平、适应能力良好的孤独症人群缺少诊断。我相信，随着我们进一步了解孤独症在社会中的传播程度，我们将解锁更多的机制，用来帮助每个人训练自己识别情绪的能力，即使这项工作在最初阶段会存在一定程度的困难。

至于我的孩子——这是最重要的——我真希望我能告诉他"去做点别的工作"，就像其他父母一样，在听到孩子在对自己多年从事的职业表达浓厚兴趣时，都会这样说。艺术家引导他们的孩子进入医学院，足球运动员鼓励他们的孩子学习法律，歌手希望他们的孩子能进入会计领域。这样做的原因是父母们都想要给孩子最好的，每个家长都希望为自己的孩子选择更容易的道路，从稳定的工作中获得有保障的报酬。

与以上那些例子不同，我所的事业基于一个精确的科学世界，与对个人、团队和组织层面的充满未知的感觉世界正好相反，我每天在人非技术公司检测动态指标。所以，每次他提到要接过我的接力棒时（令人不安的是，他经常这样做），我就立即改变导向——但这是明智的、为他好的做法吗？在他长大后，应该怎么做才能确保自己得到庇护？

如果人工智能的出现就像那些担心自己的意识会被人控制的亿万富翁所预见的一样，发展迅速且充满危险，我们难道不应该通过教会我们的孩子以及我们自己如何利用人类唯一的竞争优势来保护他们吗？意识到了吗？

对现在的孩子来说，他们在长大后选择职业时，会面临着一半以上的职业在未来已经不复存在的局面。

一位父亲希望自己的孩子能追随自己的脚步，成为一名程序员。

真的吗？在未来30年，与可以替代他们的人工智能相比，人类还可以保住在这一行业的地位吗？一旦我们最终列出一份机器人完全有可能也即将会垄断的职业清单，那么接下来我们应该思考的是，哪些工作是机器人无法替代人类的？

当然，也不是完全没有例外。所有职业都离不开硬数据和科学，毫无疑问，那些字节也终究会被人工智能取代，取代的速度如此之快，甚至比"奈飞公司（NeTflix）每一季的《黑镜》连续剧"出品的速度还快。但是，大多数（或可以说是所有）工作也都离不开人类的影响，它体现在我们对工作的热情上；利用我们的第六感提出假设和创新；我们能看到更大目标，并可以激发无限的动力去完成它；我们会深切关心自己身边的其他人。这才是人类真正的竞争优势，也是无可替代的秘密武器，我们需要紧紧抓住，努力坚持，一直推着我们的孩子前进。

不是选择什么职业，而是一旦选择了该如何全心投入。如何充分发挥自己的能力，如何学会理解自己和他人的情绪，如何追随自己的直觉，并有勇气和弹性去这样做，如何变得豁达，如何敞开心扉，如何理解他人，最后，如何感受。

我要告诉大家的是，让我们的孩子花二十多年的时间在学校里仅仅学习已被证实了的客观事实，却从来没有学习如何处理人类内心敏感的感情，这是毫不负责任的行为。对任何行业来说，遏制"感觉"所带来的危害是绝对不可取的。如果我们的教育不理解这一点，也不去进行软技能和情商的培养，那么未来我们的孩子也很难有竞争力。

那么，如果我们可以对孩子进行情商教育，那么是否意味着我们也可以这样培养员工呢？

答案是肯定的。

理解我们自己和他人的情感——这是情商的基础——是一定可

以训练的，教育便是第一阶段。敏锐的意识非常有效，特别是一旦人们开始学习，便立即将这些点与自己的感觉联系起来。换句话说，给不同的情感命名并理解它们的机制，是在我们自己身上识别这些情感的第一步，也是最重要的一步。在外部意识和自我意识之间，专注于它们的实践包含了更高的情商水平。

此外，如果我们现在提前专心致志地开始培训的工作，是不是应该让年轻人在进入就业市场之前就以全新的视角理解什么是软技能、什么才是最重要的能力，以及什么样的优秀人才能够与同事相互沟通，了解健康的团队活力，掌握激活它们的方法？

大多数行业中的团队领导者通常是专业人员，他们是某个领域的专家，从该领域的领军人物晋升到现在负责人、管理人的领导。他们中很少有人一开始就从事管理工作，即使有人如此，也很有可能由于实践经验不足而缺乏同理心。但与此同时，他们聪明进取，一心想为团队的发展尽最大努力。因此，只要我们给予他们足够的许可和鼓励，以及必要的信息，这些人一定会很快接受并立即开始发展自己团队的人际关系实践。

通过人非技术公司，团队解决方案的设计变得很简单——提高团队的心理安全感，从而提升工作表现。正如前几章所介绍的，在这个过程中，我们要测试团队成员当前状态，诊断他们所处的环境，然后得到一个团队快照，显示在具体时间段他们的团队处于什么样的水平。接下来指导团队行为，并进行有益的干预活动，推动团队获得更多的心理安全感。我们还需要对数据进行"读取"和理解，以便为接下来的活动方案提供参考。

接下来，软件不但会获取这些数据，还会在此基础上自动推荐行动步骤、注意事项和最佳范例，但是，却不能像一位用心良苦的领导者那样提出有创意的解决方案，使团队的幸福感不断提升。软件无法替代领导者，来自外部的教练或顾问也无法替代领导者。因为没有人比他们更投入也更了解自己的团队。成为这样的领导者唯一的必要条件就是拥有高情商，能够"看到"他们的成员。

对于那些高情商的领导者，事实上他们可以像软件一样"读取"数据，并添加一些自己的创意和创新，形成不同的改进想法。他们甚至会将遇到的问题直接带到团队中，与他们共同解决。那么唯一的麻烦是什么？那就是使用我们软件的大多数用户情商都不高，所以"读取"数据对他们来说并非易事。解决的办法就是，我们在很长一段时间里详细地向他们解释每一个步骤，直到有一天，我们突然意识到这是一个典型的"授人以渔"的例子。事实上，如果我们相信情商是可以提高的，理解情绪的能力也是可以被训练的，那么我们就应该引导他们学会诠释看到的数据。于是我们构建了一个名为"情商教练"的模块，用来帮助我们的用户更好地关注那些重要的内容，在一段时间之后，他们可以获得神经通路成为自己的教练。与我们软件中的其他模块一样，目前"情商教练"还处于初期阶段，但我们非常乐意有一天能够证明团队领导者的情商是可以提高的。

勇气与脆弱

过去几年中最强大、最美好的理念之一就是勇气的重要性及其表现形式——"脆弱"。这个理念被公众熟知要归功于独一无二的布琳·布朗。她的作品清晰、有力、让人产生深刻的共鸣，随着一些宣传，如出版其他相关作品（主要是《敢于领导》和《无所畏惧》两本），以及几场非常成功的演讲，世界各地的高管们或多或少都熟悉了这样一个观点：领导力需要真正的勇气。与他们过去熟悉的理念不同，展示一个人的领导力无须故作姿态，不需要特别展示男子

气概或武力，真正的领导力需要他们展示完全不同的东西：脆弱。

现在这些领导者们知道，要用引领和激励去代替指挥和控制，毫无掩饰地展示自我，在自己团队面前放下所有防备。哪怕做这些事时是在公开场合，哪怕会有一点儿令人生畏。

布琳·布朗传达的理念引起了强烈的共鸣，她所做的一场名为"勇气的呼唤"的演讲，甚至被奈飞公司选为唯一的半商业演讲在他们的频道上播出。布朗教授之所以如此成功，是因为她成功地消除了将"脆弱"等同于"软弱"这种刻板观点中人们对"脆弱"的消极印象。她不但击碎了这种误解，还告诉人们事实正好相反——你越能展示脆弱，真实的你就越强大，因为这样做往往需要对抗印象管理的需求，放弃所有类型的自我保护方法。

提高情商水平，了解自己和他人的情绪，通过练习提高共情的能力，实际上这个过程反倒让大多数人感到更加脆弱和不受保护。学习如何处理这种不适的感觉是一种勇敢的行为，这对公司的员工来说也是一种深刻的鼓舞。通过展示极大的勇气，使自己成为员工纷纷效仿的榜样，他们才能从负责人转变成真正的领导者。

做事情的时候不惧任何风险是勇敢一词的主要含义。风险越大，行动时就需要更大的勇气、更多的情感能量。人们根据风险的大小和性质做出决定的行为，大都发生在潜意识层面，往往没有理性思考就决定了下一步的行动。我们日常大多数的行为都需要一点儿勇气来完成。随着对风险的重新评估，对奖励的明确规定，以及对获得奖励的方法的详细说明，勇气已经变得可以自动展现。这些为我们日常琐碎的任务提供了路径，也体现了我们对风险的总体偏好和勇敢的相关能力。

如果我们以旧眼光去看待勇气，就永远不会理解它自然出现的瞬间，提到勇气，就只会联想到舍身救人，自我牺牲，信仰的飞跃。总有一些瞬间，当内心的直觉尖叫着疯狂拒绝，我们在喘了一口气后还是继续去完成那些不得不做的事情的时候；当因为赶时间横穿马路的时候；当在排队时主动与人攀谈的时候；当去买花哨的衬衫时或者在地铁上与人眼神交流时，生活中有太多的事情都需要一点点胆量。当我们要求更勇敢一些的时候，如果不适合就说实话，承认错误，寻求帮助，更新知识，改变路线或者保持现有路线。

勇气体现在日常的琐事中（在心理安全的背景下，这也是我们对找到测量勇气的方法充满浓厚兴趣的原因），它也可以表现为一个人主动选择对人真诚，参与对话，毫无保留，它更是在一个人展现脆弱，成为别人榜样的时候达到了峰值。尽管如此，不管勇气的形式和程度如何，它都是在工作环境中体现浓浓的人本氛围的必要条件。哦，还有一件事：表现和激发勇气不仅是必要的、美好的，而且一旦开始就让人欲罢不能。在厚厚的铠甲里面我们都是充满勇气的超级英雄，那么解开铠甲释放勇气的感觉一定棒极了。所以在解开自己的铠甲后，请伸出手去帮助团队中亲如家人的其他人，这样他们也可以自由呼吸，就会像英雄一样共同创造一些有胆量又有安全感的了不起的奇迹。

激情和目标

当谈到关于"目标"和"激情"的话题时，没有人比励志演说家兼作家西蒙·斯涅克（Simon Sinek）更了解了，他擅长探究"为什么"。他认为无论是作为个人还是团队或组织，我们都要找到行动背后的原因，作为我们实现目标的动机和动力。

他说："普通的公司只会给员工规定工作的内容，而创新公司员工会为他们指明工作的方向。"这强调了拥有共同愿景的巨大作用。

他进而提倡以诚实和开放的态度去深入了解个体，并找到在工作中我们每一个人所拥有的深层个人驱动力，他也建议我们要高度重视这份驱动力，哪怕不愿意与团队详细地分享。任何一家成功的公司其实都是由许多个体的"为什么"（无论那些"为什么"是否公开），一个强大的团队目标，以及一个更清晰、更高尚、更令人兴奋的公司目标组成的。

将叙事的重心从具体的数字转向抽象的概念并非斯涅克本人首创，但即使追溯到20世纪70年代这些概念的鼻祖理查德·帕斯卡尔（Richard Pascale）和汤姆·彼得斯（Tom Peters），这种转变也很有挑战性。"目标""愿景"和"使命"，这些话题仍然存在于大多数公司使用的话语中，但它们的相关性、真实程度以及最终承载的意义，都很难被量化。许多员工都努力持续而深入地与"公司价值观"联系起来，因为这些价值观就是他们的发动机。

2016年，领英关于"工作目标"的全球报告发现，人们愿意为了花钱去获得目标，也就是说他们愿意用一部分工资来换取更多的工作目标。这足以衡量我们对职业生活中更高目标的渴望程度。然而我们的公司则认为，公司股东的年度新闻发布会就足以激励我们了。在此之前还有其他多项研究，包括《哈佛商业评论》的"对薪酬的冲击"，或巴纳德（Barnard）1998年发表的"解决问题型团队的有效奖励方法"，都证明了员工的工作动机中只有一部分会受到金钱的影响。在达到一定的临界点之后，决定各家公司能否吸收人才和留住人才的唯一差距体现在，他们是否善于建立和强化更高的目标感。

即使是发展最好的公司，实现企业层面的目标也不容易。大多数情况下，在一个词成为严肃的目标之前，公司需要对企业文化进行深刻的变革，促使这个词被员工重视起来。如果你愿意，对"清醒的首席体验官"来说，这个词就可以是"管理战略目标"。

更难的是，即便在得到许可的情况下，目标也不能被理解成是一项"一劳永逸"的任务。它必须被不断强化，迸发出新的火花，这并不是一件容易的事。"共同确定目标，并确保每个员工都把它刻在脑子里，在内心深处，在任何时候都投入情感。"但重要的是，激发员工的工作热情不仅要靠领导，还需要个人的责任。这就是聪明的公司会专注于员工声音的原因。

为了达到或强化目标，员工必须确信公司的目标是针对终端消费者的。这在我们的工作中经常被忽视。我们生产的产品如何使他人的生活变得更好？它如何在终端客户的日常生活中发挥作用呢？

在过去的几年里，"以客户为中心"仅仅是一个空洞说辞，随着"以人为本"理念的出现，我们的客户在这个理念的形成过程中，重新获得了中心地位。但是，如果我们想让他们作为目标驱动者而获得应有的重视，那么就必须找到方法，在员工中普及以人为本的设计背后的真实动力，以确保逐渐被整个企业所接受。

这完全符合心理安全的概念——一旦团队相信个人目标集合起来也是一致的，他们共享最终的愿景、任务或目标，那么就会在情感上真正地接受"共同完成同样的待办事项"，此时团队的"魔法"就产生了。我们都知道，团队的魔法可以为公司赢利，所以为了证明目标的价值本质，心理安全是我们需要的最重要因素。

我们能通过数字来"感同身受"吗？

医学博士海伦·赖斯（Helen Reiss）在她的《移情效应》（*The Empathy Effect*）一书中写道："当我们参与到共同的思想意识时，互助和合作解决问题的可能性就会很大。"在不久的将来，拥有并提高同理心将成为保障就业的首要技能。领导者也必须拥有它，因为同理心是他们开展所有工作的基石，也是创建快乐、高效和心理安全团队的途径。这一点应该毫无疑问。

事实并非如此。

在所有被错误标签的软技能中，同理心是最难以定义和构建的。当你去问不同的人，"共情""同情"和"怜悯"这三个概念有什么区别，他们的答案甚至会引发争论。许多人认为，最后一个词是其中最复杂的，因为怜悯既包括"对痛苦的意识"，也包括"分担"痛苦的意识。我们选择忽略这些争议并让这三个词可以互相替换。关于如何对他人产生共情的实用建议很少，但需要面对面互动的也不多。

有几种方法来区分移情的类型，但最有趣的模型假设有这三种：认知移情（能够在理性上理解他人情绪的能力，这包括将自我了解作为前提）、情感移情（与他人产生情感联系的能力）和意念共情（因深度联系而产生的模仿行为，当我们感到与他人联系非常紧密时，就会下意识地模仿他们的行为，如打哈欠）。

最后一种则是三者中最难的，每当你听说某个团队拥有神奇缘分，成员们思想一致，上下同心，他们所展示出的凝聚力如同在战场上英勇战斗的军队，事实上这样的团队所展示出的共情能力通常需要多年的时间来建立，彼此之间深入了解。

为了缩短这一过程，最有效的练习是基于一些调动同理心的练习，主要围绕即兴的和巧妙的人与人之间的亲密关系。在人非技术公司举办的研讨会中，进行这些练习会让人们更容易产生共鸣，但如果你看到我们为 PS Works 设计的解决方案是如何成为数字载体的，或者看看今天有多少团队以分散、远程的方式工作，就会意识到挑战更加艰巨了。

我们关注的是如何提升认知移情，主要的做法是教人们如何识别情绪；接着通过每月设置团队挑战目标来提高情感移情。我们重点收集有关团队所需以及团队领导行为的数据，然后分析这些数据，有时可能通过一些练习发展人们积极倾听的能力，也使我们有机会观察情绪数据的分享情况或者在我们的解决方案中鼓励识别不同的情绪模式。尽管我们现在还不知道以上这些干预措施中哪一项成功率最高，但随着我们坚持每月对领导者同理心的评分，我们很有可能很快发现哪种方法在提升移情能力方面更加有效。

在之前的一次冲刺周期设计活动中，我们甚至测试了一款儿童情感认知的应用软件，这个软件主要帮助儿童——特别是那些孤独症儿童（如上文所说，与正常儿童相比，他们在情感认知方面有更大的困难）——理解社交线索，包括面部表情、肢体语言等。我们对四个小组（两组儿童，两组职业各异的成年人）进行了测试，我们发现，在他们初步接触了相关的概念和教育输入后，所有小组的测试分数都有所提高。

给予人本的许可

正如我在本章开头部分所说的，如今大多数公司都没有把给予以人为本的许可当作首要考虑的事情，除了数字精英企业，在他们那里，许可是他们首要关注的任务。

在大多数地方，如果我们诚实、勤于思考、乐于学习、追问目标、检验信任，了解并思考道德价值，努力使自己成为更好的倾听者和关心他人的人，完成内心的功课，那么对普通的办公室职员来说，所有这些都是极端的自我放纵和毫无规矩的。因为他们几十年来已被训练成相反的样子，他们的例子也很容易被当成无所作为的借口。这就好像一些企业告诉我们的："如果你要呼吸、冥想或感受，

就在自己的时间做这些事。"

然而，这并不是每个人都能够"听到"的。

顶级的"资深专业人士"又叫"聪明的成年人"，总是花更多的时间进行自我提升，并对个人提升的话题非常感兴趣，因为他们已经意识到其中的需求和价值，但在传统意义上，对思想提升的渴望与空间却从来没延伸到企业的层面。

如果人力资源部门或其他部门抑或优秀的总裁们积极寻找证据，并在经营过程中保证对以人为本的认可，就可以发现，有很多市场咨询公司的研究报告充分显示了减少人力负债的效果，即员工更快乐、更敬业，获得更大的尊重。

建立心理安全团队的"商业案例"显然是明确的，这一切都始于张开双臂让人性和情感回到工作场所。

"人际关系实践"

假设他们主动这样做并且"接受"了"以人为本的许可"，我们推断每个人都具备了如何成为一个好领导的基本能力，并会把团队管理得很好。但我们的假设是错的。这样模糊的措辞却隐藏着大量令人不安的事实：

> 这里有一个关于四个人的故事，他们分别叫"每个人""某个人""任何人"和"没有人"。有一项重要的工作交给"每个人"去完成，"每个人"确信"某个人"会做这件事。"任何人"本来可以完成它，但"没有人"完成了。"某个人"对此很生气，因为这本应是"每个人"的工作，

> "每个人"却以为"任何人"都能做，但"没有人"意识到"每个人"并不愿意做这项工作。最后的结果是，当"没有人"完成"某个人"本可以做的工作的时候，"每个人"开始责备"某个人"。

当前一项重要的工作，关乎我们所有人，包括数字人员、经验丰富的程序员、"伤痕累累"的操作人员和安全人员，那就是提升个人的情商和热爱自己的团队，这不仅因为它本身就是值得做的事情，还因为它是成功的必要因素。让我们认识并改善自己和员工的情绪状态，为了员工的幸福而去开放思想、鼓励他们畅所欲言，通过加强沟通的透明度和精神鼓舞，不断强化共同发展的方向和目标。让我们在团队中不断学习、求索、创造和创新，不被模糊而不切实际的东西所击退。让我们去激发热情，去点燃灵感，去表达需求，去专注，去理解，去感受和被人感受，热烈地、舒适地、安全地展示人性。

他们应该"想这样做"，因为无论一个人所熟悉的"日常工作"是什么，一旦这个人成为领导者，无论是公司的首席执行官还是两条流水线的经理，他们的工作都不一样了。对于领导者，理解他们现在的首要任务是加强以人为本的许可，专注提高自己的情商并开始构建团队的"人际关系实践"，与之相比，个人之前聘用时所被公司看重的最初技能似乎都不重要了。

在大多数情况下，领导者还需理解以下一系列原则：如心理安全非常重要；领导选择以什么样的态度表达对每个人幸福的关注也很关键；采用何种工具和习惯来实现这些，可以而且应该属于个人选择的问题。然而，领导者如何将这些原则融入日常工作中更重要。

团队之外

从个人的角度来看，能够认识到情商、同理心和其他任何被我们称为软技能的能力，对个人发展和未来的就业至关重要。如果我们想在职业生涯中保持在就业市场上的竞争力，就必须在以上各方面加强投入。

毫无疑问，我们的身体需要保持健康，同样的道理也开始适用于我们的思想健康，最后，我也要投入同样的努力（如同经常保持卫生那样）来提升我们的情商，使我们成为一个更好的团队领导者或更出色的员工。

从企业的角度来说，既要考虑如何发现员工的"才能"，又要思考怎样提升他们的情商。在一些公司，这已经深入企业文化层面，但在大多数公司里，这需要理念的巨大转变，既要寻求它，也要学会发展它，并表现出对以人为本的许可。

一下子就找到完全符合高情商标准的人才，几乎是不可能的。学校教育几乎无法为未来的专业人员和领导者做任何准备，特别是为了提高他们的情商而设计的实践任务——当然也不会有什么六个月的同理心课程，我也没有听说过有哪所学校能提供为期一周的关于解读自己和他人情绪状态的研讨会。因此，公司的招聘工作在挑选人才方面完全是失败的。"善于与人相处"或拥有"人际交往能力"在任何地方都是一个模糊的、可有可无的，甚至有时是事后诸葛亮的标准。正是由于在这方面的标准如此之低，而且企业只关注能够使员工发展的最基本能力，就使得员工在情商方面几乎没有任何提高。

在职场中重拾对人性的关注需要持续努力。要学习如何倾听我们的情绪而不是忽视它们，记住敞开心扉去倾听别人的声音是非常可取而且必要的，允许自己做出反应、展示情绪，并因此成为更好的成员或领导者。最重要的是，要感觉到你有空间、资源和许可来提升自己，当然，像任何突然改善了的工作一样，做这些事情的时候你也会感到有些不适应。

从工作的角度为提升自己而努力（包括坚持学习、提高情商、增强同理心、开始听从于自己的直觉、在工作更好地发挥人的整体优势），其优点在于，一旦开始就意味着每个人都是赢家。首先获益的是那些以利益为驱动、以生产力为导向的企业。然而，更重要的赢家是那些开始真正自我创造价值的员工，他们使自己成为机器无法取代的人才。

第七章

后疫情时代下的职场——
接下来会发生什么？

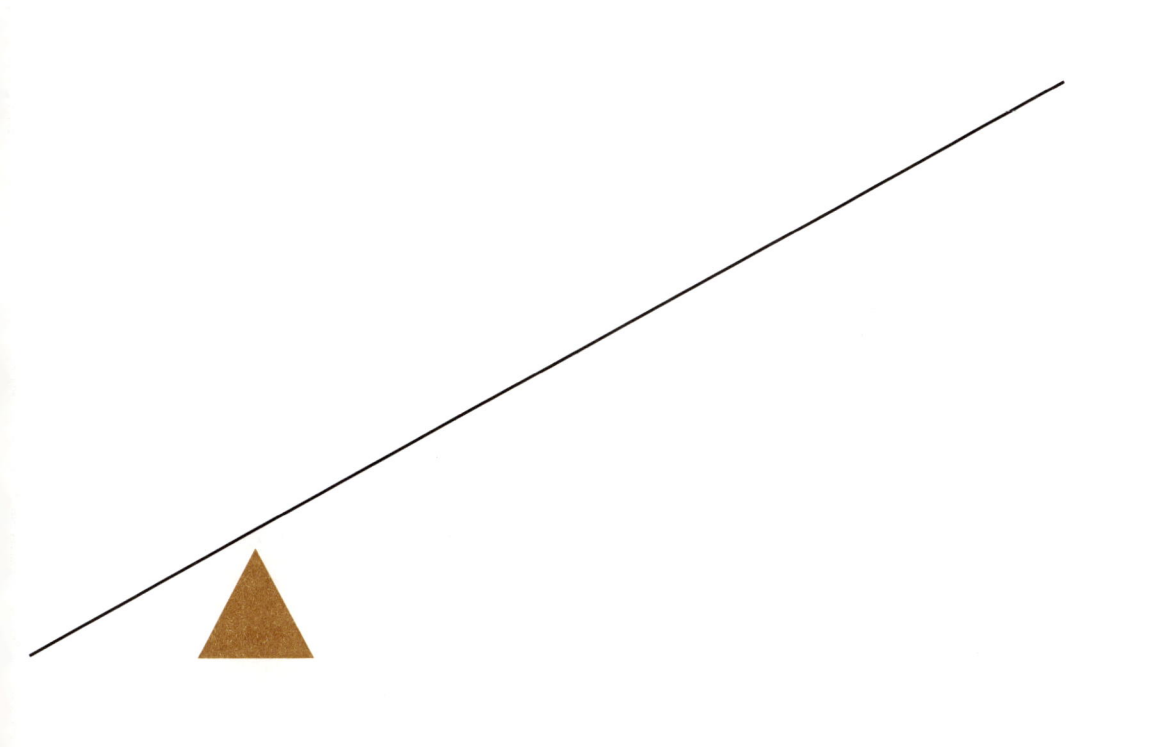

全球的新冠疫情

新冠疫情在一定程度上改变了人们的工作方式，也使全球陷入了不可避免的经济衰退。新冠疫情对经济的影响比以往任何疫情都更加猛烈。

本章继续关注变化的杠杆作用，分析了在疫情最初的考验和磨难之后，保住了自己工作的这部分劳动力。这样的团队在外人看来很是幸运，因为有数百万人丢掉了饭碗，内心的恐惧萦绕至今。

用 2020 年上半年社交媒体疯传的一个调查来概括疫情对职场的影响也许再合适不过。该调查的题目是："谁领导了贵公司的数字化转型？"选项有：①执行董事；②技术总监；③新冠疫情。

任何多年接触"数字化转型"的人都知道，为了适应技术发展和消费者需求，工作方式早就应该进行彻底的改革，但其进展却极其缓慢。该调查之所以走红，是因为新冠疫情暴发时，世界各地纷纷实施封控政策，鼓励人们居家办公，变革一夜之间就发生了。

很多已有规模的公司因为疫情也需要立即进行改革。此前，公司人员为了研究出远程办公所需的工具和流程，已经花费了大量的精力、金钱进行风险审计和可行性研究。他们的出发点是，早期的远程办公者成功地提升了利润和生产力，但最后他们要么将调查结果搁置起来，推迟一切行动，要么甚至得出结论，认为居家办公是不可能的。

新冠疫情之前，大多数公司都从未认真考虑过弹性办公和远程办公两者的概念以及两者之间的关系。尽管口头上说得好听，但人们感觉还是最好（或"只能"）本人到场才能把事情做好。无论是在日常会议、销售机会，还是在项目的交流环节，对视、握手始终是人们觉得唯一真正有价值的互动方式，觉得只有这样才能加速建立关系，得到期待的结果。

同样，人们曾经认为，对于合作项目中的大部分团队，成员共处一室是至关重要的。即使近年来有很多反对此观点的言论和研究，但很显然，就算工作性质不再需要（或者说，甚至不再允许）共处一室，但我们心中固有的"价值行为"主要还是彼此共处和近距离接触。

认为线上会议（或者说是基于规律性、共同目的、同理心和长期存在争议的视频互动）与现场会议同样有效的研究开始出现，但研究仍然相对模糊。即使统计数据能够明确证明其有效性，大多数专业人士在疫情开始时仍然深刻感到，任何形式的线上交流都不过是一种与潜在客户和同事产生连接的不够理想的方式，毕竟他们几十年来都是在线下进行互动的。

新冠疫情暴发后，视频会议已经成为大多数职场人所接受的互动形式，不管是对内还是对外。这引发了一系列关于交流性质和交流方式的有趣问题，并产生了一些以前被忽视的关于自我外表投射的主题（例如，领带配网球短裤随处可见，人们也接受了一些会议是"内部会议"，即"无化妆会议"，等等）。至今为止，也许对远程分散团队的更深层理解是，在随后的混合模式中，许多公司都坚持"一人远程则全员远程"的规则。这意味着，如果一个团队成员不在会议室，而是通过虚拟拨号参会，即使其他成员都在公司，也应该在自己的设备上拨号来远程参会，保证机会均等，达成真实对话。这就消除了之前分散式团队无法进行有效团队互动的一大主要障碍，因为如果不在现场的人难以成功参与团队对话，结果总是非常糟糕的。

在疫情之初，线上会议和活动的参与者仍然认为，内容和知识的传播与创造没有人们彼此连接重要（除了一些活动中规划了创新设计空间的特例，走廊防撞装置的作用被高度夸大了，但很少有人质疑），各地组织都在为跨部门、跨地域的"声田式"团队的实用性而挣扎，各种无能为力加到一起就成了采用新工作方式和创建敏捷、精益或运维开发一体化团队的最大障碍。

后来，硅谷大多数公司巨头都迅速表态支持远程办公，推特和方块公司（Square）[1]率先将可选远程办公作为默认设置。说到成本，初步研究表明，事实上，关闭办公室并不像人们以为的那样会大幅降低成本，因为公司需要增加家庭办公，配备家庭办公室，对远程办公员工进行再培训，同时仍然保留足够的办事处，以便员工需要混合模式工作时能够在线下相见，但也有一些公司在变化中看到了人才机会。

曾有消息称，脸书50%的员工可能在未来5到10年内永久转向远程办公，对此，脸书首席执行官马克·扎克伯格2020年5月对员工说："这可能早就该发生了。在过去几十年里，美国的经济增长相当集中，大公司经常在少数几个大城市招聘。这意味着我们错过了很多人才，仅仅因为他们没有住在大城市。"

除了实用性，一个更重要的附带作用是，突然转向远程办公使得关于工作人员的对话突然变得开放起来。当员工不再受到监督，一切都发生了变化时，以前无关紧要且从未被视为优先事项的问题，如个人的心理健康和团队的参与程度，突然成为人们所关注的焦点。

远程办公与弹性办公（工作地点与工作方式）

最常见的一个阻碍交流的误解是：远程办公、居家办公和弹性办公是同一个概念。而事实并非如此。虽然远程办公、居家办公在

---

[1] 方块公司是美国的一家移动支付公司。——译者注

新冠疫情背景下可能是同义词（但离开这个背景可能不适用），但远程办公和弹性办公绝对不能互换。事实上，远程只是弹性的一个方面，但必然包含在弹性的概念中。

弹性办公不同于传统的现场工作或办公室办公，工作地点和方式都有差别。弹性本身就包含了地点和过程两个方面，不是只讨论其中任何一个。

还有一些概念也包含在弹性办公的概念中，比如兼职工作、学期工作（在校期间）、工作共享、基于产出的工作（未来几年许多公司必须关注的最有趣的概念之一）、压缩工作时间（例如新西兰2018年进行的每周工作四天的实验，结果显示工作效率提高了20%），以及其中最有趣的概念——弹性办公时间，即在员工与总裁达成一致的特定范围内，允许员工自己选择开工和收工时间。

在上述弹性工作的每一种形式中，都有大量的研究证实效率和生产力得到了大幅提高。在大多数调查中，工作效率至少提高了30%。究其原因，主要是员工满意度、敬业度和工作表现都大幅提高，且减少了工作压力、焦虑或抑郁造成的人员流失。尽管如此，当新冠疫情影响世界时，人们所讨论和强制实现的唯一变化只是工作地点。也就是说，一些必要的发现、研究、设计和谈判本应弄清楚既定办公室模式的其他方面的变化，结果没有得出任何结论。这相当于把之前的办公室职员扔进了绝境。他们没有接受过真正的培训，不知道怎样将原先的工作转化为居家办公，也没有得到关于避开居家办公陷阱的有效建议。

最主要的"陷阱"是，要在家庭和工作中随时"在岗"的感觉非常劳神，很多人觉得无论自己做什么，无论怎样努力平衡工作与家庭，还是没法两边都做好。在疫情之下，工作安全感日益缺失，他们在弹性办公中既没法设定清晰的个人边界，又没有合适的平台来倾诉情绪，很快便感觉精疲力竭了。

那些在疫情前已经有远程办公经验的人则在封控期间受到了青睐，因为他们已经能够考虑多种因素以确保工作效率，制定自己的工作流程，而且许多人能够根据经验弹性工作。然而，对突然开始远程办公的大多数人来说，并没有人指导他们如何自己制定时间表，遵守自己的模式，才能持续进行居家办公。他们只是在家里腾出一个地方，在这里进入无休止的线上会议和视频通话，加上看不完的电子邮件，一片混乱。很多人家里还有孩子居家上课，情况就更复杂了。

企业和员工都认为这只是暂时情况，短期处于这种情况问题还不大，但随着时间从几周延长到几个月，每个人都清楚地意识到，这已不再是一种极端措施，而是成了一种生活方式。因此，在强制封控几个月后，围绕工作发展可持续性以及与之相关的个人极限和身心限制的疫情早期问题浮出水面，网上开始出现坦诚的对话。不过，这种对话与潜在的"重返办公室"的论调不谋而合——这种论调也许会持续到未来的混合工作模式尘埃落定——并且，加上随之而来的极端经济衰退的新闻，许多关于"为什么"和"如何"弹性工作的坦诚对话再次被限制在"在哪里"弹性工作的范围中，还加上了一个更加尖锐和越来越可怕的"如果"。

疫情之初，除了一堆表情包和偶尔幽默搞怪的观点文章，关于育儿和居家学习的讨论少之又少。但随着时间发展，育儿和居家学习共同造成的难度比当时想象的要大，也必然使人们感到疲惫不堪，影响心理健康，工作效率低下，这是很正常的。疫情持续越久，这种影响就变得越具体。

面对家务和居家学习所带来的额外压力，许多父母发现，如果他们很幸运，可以有弹性工作时间安排，他们就会工作到凌晨（或从凌晨开始工作），矫枉过正，过度补偿。这当然会大大增加倦怠或过劳的风险，特别是在大多数企业中，大部分团队都被放任自流，没有明确的沟通，没有政策，也没有指导。直到2020年夏天，其中一些问题开始显现，"新常态"的模式才开始尘埃落定。

共同规划新现实

对那些想要成功的公司来说，很明显，未来的工作无疑应该从共同创造和设计会议开始，每个人都可以开放地谈论，要实现高绩效，自己最需要什么。由于工作模式向远程办公的过渡是突发的、被迫的、强制的，所以大多数人都在努力合作。

尽管像"人与底线"（People and the Bottom Line）之类的调查研究都表明，弹性工作制需要经过调查和精心设计，才能实现更高的合作水平和更好的创新结果，而疫情之前我们所挑战的主要假设，只剩下在办公大楼内设置个人办公室的实用性。但就在这一点上，似乎我们在做出重大质疑的时刻还引出了一个错误的假设——开放式办公室主导一切！——即使科学曾揭穿这个假设，但是没有更正这个假设。伊桑·伯恩斯坦（Ethan Bernstein）和斯蒂芬·图尔班（Stephen Turban）受哈佛大学委托所撰写的《"开放式"工作空间对人类协作的影响》（The Impact of "Open" Workspaces on Human Collaboration）等多项研究都清楚地表明，开放式办公室会造成不良的工作氛围，降低工作效率，不愿协作的员工很讨厌开放式办公室。

在其他领域及办公室工作的任何其他方面，假设都很丰富，却缺少消除偏见和误解所需的公开对话。

亚特兰大联邦储备银行（Federal Reserve Bank of Atlanta）的一份研究报告显示，员工们希望自己40%的工作日都在居家办公，而对雇主的调查显示，他们希望这一比例为20%，这也是他们计划调整的目标。

有一个有趣的现象值得指出——在疫情初期每一项政策和每一个勇于尝试的新工作方式出现，高层管理部门就有一种对应的谨慎措施出台。举个例子，虽然微软是疫情之初最早宣布远程办公的公司之一，但在 2020 年 4 月，微软首席执行官萨提亚·纳德拉（Satya Nadella）受《纽约时报》采访时说："我怀念的是，走进线下会议时，对话的人就在身边，还可以在对话前后和他们交流两分钟。"

公开声明和高管言辞之间明显有差异，这未必是因为他们"说一套想一套"或"说一套做一套"的公关方式。更合理的解释是，个人层面上的远程办公形式差异很大，个人偏好和性格类型也不尽相同，有人一秒爱上远程办公，也有人对其心生厌恶。此外，高管们也在以自己的方式体验远程办公，再将自己的立场投射到所有员工身上。

很多人看清了这一点，便急于把性格类型与工作地点的偏好联系起来，并根据他们心中的真理进行概括。

> 然而，也许最重要的建议是，领导者要认识到远程办公对团队每个成员的影响都是不同的，包括他们自己。因此，管理者必须认识到自己的工作风格，不要把自己喜欢的工作模式强加给员工。反过来，如果员工了解自己怎样才能充分发挥能力，就能更好地适应远程办公。员工了解了对自己有效的工作策略以及怎样适当放下工作，避免信息过载，设定界限，找到适合自己的方式来平衡工作和生活，就能够降低压力水平，反过来也有助于在这段困难时期应对更大的压力。
>
> ——迈尔斯 - 布里格斯公司思想领导负责人 J. 哈克斯顿（J.Hackston）

为了避免这种明显的概括，我们在不同规模的企业中能做的，就是询问。以最开放的方式真诚地在员工中进行民意测验，以了解他们在上述情况中的立场，然后找出应对所有可能结果的最佳方式。

关于远程办公和弹性办公的讨论，另一个重大的误解是：这些考量应该只与技术驱动型公司相关。而在新冠疫情期间，情况并非如此。以《工作的未来：新冠疫情期间居家办公的准备充分度和企业韧性研究》（The Future of Work: Work from Home Preparedness and Firm Resilience During the COVID-19 Pandemic Study）中的结果为例：

> 在疫情期间，居家办公指数值高的公司股票回报更高，回报波动更小，财务业绩也更好。与传统观点相反，我们的研究结果主要适用于非高科技行业。

为了成功应对远程办公和弹性办公的新现实，各个行业仍需要与员工进行强有力的对话，并找到有效的方法真正共创工作方式，而不是以高管的个人感受或过时的概括结论为依据来行事。

突然转向远程办公的影响

任何一个企业在疫情期间最终能否取得成功，很大程度上取决于团队此前心理安全的水平，他们是否团结、坚忍，有强大的内在勇气，以及是否有直言不讳的团队文化。

还有一些团队可能在心理安全方面没有那么强，但精通远程办公。幸运的是，他们也有稳定的经济地位，因此有一定程度的工作保障。他们也很幸运地拥有一位高情商领导，能够快速磨炼团队成员的人际关系实践。这样的团队很可能会迅速团结起来，并建立起心理安全——即使有时候他们根本不知道这个名词。

其余的团队则在恐惧和瘫痪之间挣扎，在新环境中尽最大努力，完成公司给他们的任务，以既不确定又避免搞砸的心态来工作。因此，在线上线下，他们都不发言，一反常态地进行印象管理，拼命表现出自己能力足够，一切尽在掌控之中。结果就是，他们从不提出反对的观点，不敢承认任何失败，或质疑任何决定。因此，他们失去了自己一开始可能还拥有的那点心理安全，然后工作表现开始下滑。

即使是已经进行远程办公的团队也未能摆脱疫情隔离期的影响，无法轻松度过该时期，主要是因为他们在隔离之前的远程办公性质与封控期间的有着根本不同。

Textio[1]公司的首席执行官基兰·斯奈德（Kieran Snyder）说："所有人都开始远程办公，这与以往不同。每个人的压力都大了很多。如果是自己选择居家办公，办公结束可以去健身房、杂货店，晚上和朋友一起吃饭，但现在所有人都困在家里，情况就完全不同了。"

疫情造成的这种极端情况让许多员工第一次体验远程办公，这很可能导致他们对远程办公的热情普遍下降，而那些做过远程办公的人认识到，远程办公的负面感受主要与"幽居病"和"缺乏自由"有关，而不是远程办公本身。

在整个疫情隔离期间和工作习惯的极端转变中，他们的心理健康受到了明显的影响。从疫情一开始，调查研究[如布鲁克斯（Brooks）、韦伯斯特（Webster）、史密斯（Smith）等人，2020年2月]就报告了一系列负面心理影响，经历困难时期的每个人身上都出现过愤怒、焦虑、混乱及创伤后应激障碍（post-traumatic stress

---

[1] Textio 是美国西雅图一家利用人工智能提高写作能力的初创公司。——译者注

disorder，PTSD）等。

正如我们在《心理安全不是什么》一文中看到的，个人的心理健康和幸福与"心理安全"这一术语之间存在显著的区别，因为心理安全指的是高绩效团队所期望的行为，但在疫情期间，当个人层面显然缺乏安全感，所有人都感到无法忍受时，这两个术语的合并自然变得更加明显。

虽然团队不能完全分开——团队毕竟是个体的集合——如果每一个人都遭受着某种程度的心理健康问题，那么他们的互动就必然会反映出这一点，也会受到负面影响。他们被推到同一个意识形态的环境中，这对他们是不利的，如果能经过辩论，进行明确的区分，会有更好的帮助。

每一人的心理健康都在某种程度上受到了疫情的影响，我们需要做的是承认这一点，讨论它，并且从社区、雇主和我们自己的角度去提供支持。

在个人层面上，磨炼韧性技巧和学会自我关怀是极为必要、极为有用的。许多在人际关系实践方面称职的团队领导者都会认识到这一点，并花时间确保他们的团队成员在适应具有挑战性的新常态过程中，在教练和心理健康医生免费提供的诸多真心帮助下，也能明白这一点。

如果这种希望成为现实，很大程度上是团队或个人自我提升驱动的结果，因为在疫情期间，企业很少会支持、指导或组织与此相关的活动。一些组织最终任命了首席心理健康官作为表态，但通常是在疫情暴发几个月后，而此时集体损害可能已经造成了。

在我们人非技术公司，疫情危机开始时，我们便抱着"必须做点什么"的想法聚到一起。作为疫情应对措施的一部分，我们主要针对那些突然被要求居家办公的人，在一段时间内免费开放我们的软件，为领导者提供小型情商培训。更重要的是，我们设计了一个

"保持联系"的问题包，目的就是向团队重申，他们的可怕经历存在普遍性。

我们请团队成员讲出他们的痛点，比如"我觉得自己与团队的其他成员没有共同语言""我现在工作量是之前的两倍""我觉得处在永无止境的线上会议旋涡中""我觉得居家办公时一天病假都不能请"等。但我们也偶尔会列出一些建议，如"每次去喝咖啡都能看到孩子""每天都能吃到在家做的午饭，超棒""我很享受不用通勤的感觉""开会时我不用总穿裤子"等。这些建议都是为了安抚，而不是衡量任何东西。

我们还写了这封《致新远程办公团队领导的公开信》，写给任何处于领导岗位的人：

> 尊敬的团队领导者：
>
> 　　不管你在管理一家公司还是一个部门，一个软件开发团队还是初创公司，一个机构部门还是任何类型的小团队，如果你"直线管理"（这是一个多么可恶的术语），并且在这场危机中，已经让你的员工远程办公了，那么这是为你准备的。
>
> 　　对所有人来说这都是糟糕的时刻，但对你来说，实在是步履维艰。困难的不是工作本身——工作的难度已经不值一提。你会发现自己几乎不在工作上花什么心思，除非工作内容是接手（你以为是）同事偷懒留下的摊子——只是因为他们不能快速适应这种新现实。
>
> 　　除了你自己，没有人知道你在面对什么。
>
> 　　也许你正被可怕的解雇潮所困扰——情景规划、灾难建模、业务连续性计划等，这些都让你充满恐惧。
>
> 　　也许你只是想念你习惯的日常生活。

高效能杠杆

数字化时代的心理安全与团队协作

也许你和其他人一样，也深受家里设备的困扰——技术设备不能正常工作，家里的某个角落可以收发电子邮件，视频通话却状况百出，虚拟专用网络（virtual private networks，VPN）无法使用，互联网连接不稳定，要求你回家时带上的突然强制使用的奇怪项目管理软件或通信软件，而你的团队也面临同样的问题，所以你必须为他们加油打气，而不是表示同情。

也许你会惊讶地发现，你现在不得不考虑家务，或者学校老师这个可怕的新角色，这让你在孩子们面前也会出现"冒名顶替综合征❶"。

也许你会发现，即使你有更多的时间去办公，你脑子里用来思考工作的空间却更变得更少了。

也许你总是觉得自己被动防守，不停犯错，不知所措，总是追赶，却从来没有领先过，始终处于人后。

也许你觉得和人面对面打交道已经很困难了（虽然面对面时还可以微笑、击掌或帮人开门），而要与远方的人打交道更是力不从心，现在你必须去探查，面对潜在的打扰，花大量的时间询问和说话，这些都和你过去的"日常工作"毫无关系。请别误会，虽然我们的工作设备和其他类似的工具能够帮助你密切关注团队的情况，在很大程度上缓解这种不适，但它无法取代你对员工持续和十分深刻的人类好奇心。

我想说的是——没关系。

---

❶ 冒名顶替综合征是指个体按照客观标准已被评价为获得了成功，但自己认为这是不可能的，认为自己在欺骗他人，并且害怕被他人发现此欺骗行为的一种现象。——编者注

恐惧没关系——深刻、强烈的恐惧，这是你和我一生中经历的最煎熬的事情，我们只要熬过去就好。

只是因为担忧就感到窒息也没关系。

感觉自己的"实际工作表现"在下滑是正常的。

可以自己组织——或者要求公司组织——一个同级别、跨部门的经理或者团队领导的支持小组——至少可以组织一个 Slack 频道（聊天群组频道），这样你们就可以互相提供建议，或者觉得有个倾诉情绪的地方了。我们也可以向你介绍我们帮助客户建立的一些项目。

可以信任你的队友——你心中队友的每个优点都可能是对的，而且这些优点现在会发挥作用。你会看到他们处事灵活，充满勇气，你害怕他们搞砸的事情他们也完成得很好。

居家第一周工作低效没关系，甚至到第三周还低效也没关系。花点时间找到自己的节奏，定义最适合自己的弹性工作制。这是新常态，适应一下。

可以考虑自己的感受，记得"自我关怀"。你不是国家的"关键人物"，但是你团队和家庭的"关键人物"。如果你不停下脚步，进行调节，找到平衡，他们会感觉到不对劲的。

人们突然要求你充满勇气和灵感，状态稳定，你有理由感到不满。

你也可以去打听一些事情。不仅是"可以"，而且是"应当"。

你可以与团队分享你的感受——只是不要总是消极，时不时做些坦诚的交流——因为你信任他们。脆弱是正常的，脆弱之处正是勇气所在。你可以只做一个普通人。

在疫情期间你可能一夜之间变成了一个非凡的推动者，

一个非凡的善解人意的人，一个经验丰富的顾问，一个知识渊博、令人安心的指导者，一个像史蒂夫·乔布斯那样鼓舞人心的领导者。

一切都会好起来的。这一周已经比上周容易了那么一点点，会越来越好的。你会挺过这段需要在新岗位表现优异的时期，还会拥有一整套新的超能力。深呼吸，从你的团队中，从软件设备中，在朋友和家人中寻找帮助。毫无疑问，我们都将因为这次历程变得更加强大，眼下只需要坚持不放手，专注于我们的团队。想象一下疫情结束时，我们其实已经移走了多少座大山。

这封信反响热烈，成千上万人产生了强烈的共鸣。他们告诉我们，这种相互接纳的行为帮助我们所有人向前迈进。同样，在疫情期间对员工表现出强烈关怀和同情的组织可能无法证明，它们能够消除生产率剧降的负面后果和对个人心理健康的灾难性影响，但已经减轻了部分风险，它们的付出也必将孕育一个更加美好的未来。

工作和生活之间的平衡

说到平衡工作和生活，最有趣的观点可能来自亚马逊公司的杰夫·贝佐斯。众所周知，贝佐斯根本不相信工作和生活之间能够平衡。他说："总是有人问我怎样平衡工作和生活。我的观点是，这种说法就让人感觉很无力，因为它意味着可以进行精准的平衡。"贝佐斯说，与其认为需要平衡工作和生活，不如把它们看作两个完整的部分效率更高："二者构成一个圆环，而非一种平衡。这种工作和生活的和谐是我试图教给亚马逊年轻员工和高管的东西,尤其是新员工。"贝佐斯接着描述了他如何将工作任务、家庭任务和休闲任务以他认为最适合他的节奏混合在一起。

若要说新冠疫情教会了人们什么的话,那就是花时间思考如何安排线上互动和线上工作是很值得的。从长远来看,为了保持清醒、生产力和竞争力,我们必须比以往任何时候都要认识到,不仅要对他人有同情心,还要对自己有同情心,虽然我们的工作方式和个人极限不尽相同,但每个人的极限是同等重要的。

我们应该清楚并理解这些极限,然后花时间彼此沟通。

当然,并不是每个人都有权利选择他们的工作内容、工作时长以及工作时间,对我们中的一些人来说,这常常看起来是一场永不停息的"旋转会议",超出我们生理极限的会议越多,我们的沮丧和焦虑感就越严重,前景也就越不乐观。

那些能够扛住这"会议"的顶尖专业人士所做的,是真实地评估自己的能力,并观察自己何时达到了极限。一旦弄清楚了,他们就会花时间,也有勇气告诉他们的团队和团队领导适合自己的互动节奏、心理和情绪舒适范围,以及他们可以自如应对哪些事情。

一些领导者会倾听,并花时间和员工们共同创造真正灵活的工作环境,努力将他们从这些专业人士那里了解到的与他们特定团队的客户或交付限制相协调,他们允许个人工作不受时间限制,而协作工作和团队工作则在共同商定的时间进行。

并不是所有的领导者都意识到他们应该——或者本来能够——让这种深刻的洞察融入员工的个人工作风格,尽管如此,沟通的行为本身已经在一定程度上缓解了精神上的不适。

绝大多数远程工作者要么觉得自己从来没有"被允许"去观察自己的真实极限,从来没有花时间去认识极限;要么他们觉得公司业务已经不容乐观了,与别人沟通这些也没有用,只能雪上加霜。

更有可能的是，他们因害怕经济衰退和失业而止住了沟通的想法。因此，他们从来没有提过这些问题。

一些有远见的团队领导曾表示，他们需要新加入远程工作的员工进行自我反思和自我关怀，并向他们强调，从长期来看，忽视个人极限是不可持续的，也是近乎不负责任的。领导们花时间专注于与每个团队成员持续进行一对一的互动，并在公共会议上提问。

最终，他们在团队重启活动中运用文化画布讨论了这个问题，并将其作为互动的一部分。这一问题围绕着什么工具和流程最适合定义他们特定团队在远程环境中的灵活工作。他们强调，自省和诚实的沟通是有价值的，它对保持竞争力来说是必要的。

他们鼓励人们花时间去认清自己的过载阈值。每个员工都有自己的线上互动（特别是视频互动）时间，是他们自己非常适应并且能积极参与的时间，超过这个数量的线上工作实际上只是出勤，或者是没有参与价值的活动。

要求每个人限定并说出多少工作对自己会"过多"，这对一些领导者来说极为有效。他们真正感兴趣的是，在高度数字化的环境中培养员工健康的工作习惯。

即使在实现这一切的公司，在员工能够讲出自己承受极限，且团队重新设计、重新约定互动方式以帮助员工适应，还明确允许弹性工作的公司，我们发现，一切最终仍然取决于每个员工的时间管理能力、自主执行和提升个人工作效率的能力，以及自身成长和幸福实践的能力。

明白这一点的人会制定自己愿意遵守的清晰的、善意的、结构合理的日程表，以保持自己的理智与行动力，让自己在团队创造的远程弹性工作环境的自由中获得至关重要的节奏感。

最初，大多数人的日程表都对工作和家庭生活划分了明确的界限，宣布在几点钟之后或周末不做任何工作。但在新冠疫情期间，当人们发觉可以在孩子做家庭作业的时候偷偷发一封电子邮件，或者在阳台上吃午餐看风景的时候在 Slack（在线协作平台）上开玩笑更容易时，这些界限就模糊了。对更注重绩效的人来说，尽管在贝佐斯模式中工作效率有所下滑，他们仍然会在需要休息的时候休息，并在自己最高效的黄金时段保持专注。

这种情况本身就是个人层面上经历弹性工作背后的关键启示，也是避免倦怠或过劳的唯一解药——每个人都有灵感涌现的自然节奏，我们有权依此进行调节，才能把工作做到最好。只要不涉及与他人的直接互动，我们应该发掘自己尽量多的灵感时刻，因为无论我们做什么，我们都想把工作做到最好。我们都清楚，有时候我们的注意力非常集中，充满奇思妙想，而且效率很高，在这样的一个小时内，我们安排的需要高质量完成的工作应该比没有灵感时刻的一周还要多。如果我们以这样一种符合精神健康的自然节奏来工作，就不会使自己陷入困境，负担过重，最终便不会苦不堪言。

因此，在后疫情和后经济衰退阶段，考虑为个体人文环境和不同的工作节奏腾出空间，应该成为所有公司的当务之急。Synechron[1]公司的首席人力资源官约翰·高特（John Gaunt）分享道："对居家办公的员工来说，多任务处理意味着照顾年迈生病的父母、蹒跚学步的孩子，甚至除了日常的办公室工作外，还要处理家务。"

"因此，雇主需要注意员工可能表现出的一些迹象，比如越来越易怒、动力不足、拖延、持续的悲伤、过度担忧或焦虑、睡眠不好、缺乏创造力或创新性、持有消极或悲观的想法、滥用药物，甚至是非常鲁莽的行为。"

在疫情期间，影响员工对居家办公态度的因素包括：

- 工作性质——独立完成和需要合作的工作分别占比多少

---

[1] Synechron 公司是位于纽约的信息技术咨询公司。——译者注

- 是否能获得必要的技术工具，进行充分的沟通
- 是否具有清楚展示结果和成果的能力
- 家庭情况——那些要负责孩子居家学习的人现在有了两份工作，其中一份工作他们相当不擅长，研究表明，这部分工作对高绩效人员来说尤其繁重
- 之前的远程工作经验
- 现有韧性水平
- 在个人及团队层面，公司对弹性工作和自主决定的态度
- 自身的工作能力和效率——愿意了解自己的极限并向他人讲明自己的极限
- 性格——内向者和外向者对居家办公能力的反应是不同的
- 管理层支持水平——他们是拥有一个害怕失控的中层经理，还是拥有一个专注于支持和服务于个人关系实践的领导者
- 个人的时间管理和自我激励能力
- 知道"在这个时候可以考虑自己的极限"——这一条可以说与资历有关，因为一个专业人士越受认可，他们越有可能觉得自己的价值足以要求一个受人尊敬和量身定制的工作环境，能够满足他们的个人需求
- 团队之前的心理安全水平
- 现有情商水平——在线交流时不能近距离接触且没有共同语境，要读懂别人的情绪、表达自己的想法变得更难了

面对一个从设备上发消息、不能和你握手的人，我们的情商必须得比以往高得多，思维要敏锐得多，人际联系要紧密得多，还要更专注于团队活力和任务，而不太关心现场商务互动的仪式。

当我们必须从几封电子邮件、一条 Slack 帖子或一次视频通话中读出某人的心理状态时，会突然发现自己必须比以往任何时候都更加专注，必须发挥更多的同理心；当蹒跚学步的孩子迫切地说了 30

遍"妈妈"或者"爸爸"——大部分是紧急的——而我们不得不退出会议时,我们最终确实重新思考了我们对"工作与生活平衡"概念的认知,只专注于重要的事情——即要完成的工作和共事的人,在我们自身的极限内,只要可以自由表达、感觉安全,至于在哪工作、怎样工作就不重要了。

不管未来工作的"地点"和"方式"具体细节如何,这仍然是疫情带来的净收益。远程概念和弹性概念在个人身上应用的效果就是,从现在开始,每个人都必须考虑他们的自身极限和能力,这将成为未来的通用技能。

所有关于工作、情商和以人为本的个人成长实践将发展成为作为专业人士的必要条件,因为只在办公室办公将成为遥远的记忆,未来在很大程度上将是混合式办公。因此,我们每个人都应该在精神形态和自尊空间上投入,这样才能深刻而坚定地理解,什么才是我们最好的工作方式。

VUCA 时代数字世界中的生产力和绩效

很难说全球经济衰退到底会有多糟糕。预测令人恐惧,一些国家将面临历史上最糟糕的经济时期之一,但现实是,无论经济衰退有多严重,它都会使新数字世界已经形成的 VUCA 时代本质变得更加极端。

对正在进行某种形式数字化转型的组织来说,敏捷工作不是它们骨子里的东西,所以当疫情引发新的工作方式时,没人能保证转型成功。一些离转型成功很接近的组织成功地利用了这股浪潮,并使用新的流程来强化已经明确的、基础性的心态变化。还有一些组织并没有最初的基础，所以在组织人员——包括领导层——压力增大的时候，他们不停地挣扎，试图回到有"熟悉的"设定点的瀑布式实践中。

有一部分人是例外，就是《加速：运维开发一体化的说明》报告中归为"精英"的人——那些数字原生代人，本来就已经是几乎完全"远程"的人，他们为每个团队的心理安全文化打下了坚实的基础，这意味着他们已经做到以人为本，并为这种新现实做好了充分准备——而其他所有人都在努力保持他们在"工作中的思维方式"方面的成果。有些人甚至"放弃"了，为远程现实推出了序列式的工作方式。

当你读到这篇文章的时候，完全可以想象，那些没有采取任何措施来减少人力负债的公司，因为自身缺乏韧性和信念，已经受尽折磨，甚至已经不复存在了，即使是精英企业和灵活的初创企业也在苦苦挣扎。

在经济衰退中，有多种理由担心心理安全问题，因为不成熟的企业可能会在员工感到最动摇、最恐惧、最缺乏信心的时候，低估了心理安全作为一种生存机制的重要性，不会优先考虑。我们会看到，随着经济衰退期倦怠、过劳和印象管理现象的泛滥，继续坚定地把心理安全作为一个优先项，在疫情后重建的数年里将比以前更加重要。

我担心的是：对很多远程团队来说，危机造成的强迫形势似乎终将可以控制，他们会理所当然地保持远程状态。事实上，最终我们会发现，心理安全剧降对绩效的损害是难以想象的。

换句话说，用心设计的弹性工作政策会考虑到工作与生活间的必要平衡以及最佳的互动方式，以把负面的心理健康影响降到最低，但由于没有及时找到得当的方法设计和实施真正的"人际关系实践"，也没有考虑到该政策背后的思路，我们已经不可逆转地破坏了本来存在的积极团队活力，也没有将这种活力灌输到新的团队中，这种破坏将导致生产力下降,还会使一些公司陷入瘫痪。

对任何了解心理安全与生产力之间紧密关联的人来说,这并不是一种长远的恐惧。

我们先说回心理安全的定义:团队成员都相信,在人际关系中出现有风险的行为时团队总是安全的后盾;每名团队成员都可以直言不讳,开诚布公,可以袒露自己的脆弱;团队就像一个大家庭,很少使用印象管理——让我们中立地评估哪些团队可能在这次危机中拥有这些特质。答案虽然没有确切的数据支撑,但我们都知道:几乎没有,如果有的话,也非常少。

成功做到的是前面提到的那些本来就已远程的团队,它们在"和平时期"已经熟练掌握数字协作,具有高度的心理安全水平和复原力,并且在疫情期间通过机敏的领导力更加关注个人和团队的心理健康,注重提高情商,并且比平时花更多的时间在人际关系实践上。这种团队无疑很少见。对其他人来说,转变期的冲击、高度缺乏人身安全感、隔离本身、强制隔离区内家庭生活难度的增加,加上普遍的焦虑感和对失业的惶惶不安,产生了妨碍心理安全的负面恐惧行为。

印象管理的定义是:对在工作环境害怕自己显得无能、无知、消极、具有破坏性或冒犯性的恐惧。在这场疫情中,此种行为已经悄然成灾,潜入大多数团队的工作生活中。前两项恐惧与普遍意义上的冒名顶替综合征紧密相关,而且在疫情期间症状加剧,因为没有人想在这种时候表现出无能或无知,而其他几项——害怕表现出消极或破坏性,最重要的是,害怕表现出侵入性——这会促使团队成员很多时候比以前更加不去表现真实的自己,也不会真诚地与人交往。

就拿对侵入的恐惧来说——即使是在成熟的、技术娴熟的远程团队中,在疫情之前,向深刻人性提问的习惯和与团队其他成员分享深刻人性情感的能力也并不常见,因为各个团队的情商差异很大,职场中向来无须以此习惯和能力作为先决条件。

受疫情的影响那些没有勇气去"关注个人"的团队错失了一个重要的诀窍，即承认苦难的共性，彼此共情。这随后会反映在团队的绩效水平上，因为他们放弃了一个作为有凝聚力的整体来行动的机会，只是一群孤立和焦虑的个体一起工作而已。

虽然直言不讳、开放、真实以及避免印象管理是生产力和高绩效的必要条件，但在疫情期间，暂时停止这些做法对大多数团队来说可能并不致命——除非有些团队悄然发生了重大错误，只是因为没有人愿意指出——同样地，几个月的时间已足够培养出一种习惯，结果这些团队中的许多人学会了这种不开放内心的新团体行为，这样就彻底失去了成功的希望。

对许多人来说，心理安全受到的影响十分严重。在没有干预的情况下，团队在未来几年可能呈现出令人沮丧的工作结果和摇摇欲坠的关键绩效指标，因此，我们应该减少人力负债，开始（重新）建立健康的团队行为和坚实的人际关系实践，以扭转疫情的破坏性影响。

后疫情时代下的职场

将来，工作地点显然很难被明确规定，很少有公司完全转向远程工作，也很少有公司强制员工必须回到办公室办公。

对大多数可能实现远程工作的公司来说，2020年是工作地点非此即彼政策的终结，是一个新的"混合时代"的开始，部分工作居家远程进行，部分在办公室进行。

有些人提出，这一方案的前提是，真正的合作与偶然的相遇紧密相关，比如"在走廊里偶遇"或"随意地聚集在饮水机旁"，或同在会议室进行需要协作的正式活动，如果不为这些相遇提供空间，就会破坏合作。

尽管如此，许多公司还是以敏锐和好奇的眼光观察了员工在疫情期间的行为，发现不管员工心中有着怎样的传统经验，他们在线上都会更加开放与协作。

云软件制造商 Box 的首席执行官亚伦·列维（Aaron Levie）在 2020 年宣布，Box 公司将走混合路线。他认为，远程工作实际上增加了公司的创新。公司不再依靠会议室小组或办公室偶遇产生好的想法，而是在 Slack 上与更大型、更多样化的群体进行对话。他是在一个新项目中注意到了这种情况："我们把原本 5 到 10 人的项目变成了一个 300 人的创意生成机器，其中包括从未参与过这个项目的人，甚至包括实习生。这可能相当于在会议室里开了 20 次线下会议，但实际上，一个 Slack 频道上的几个好点子可能抵得过所有的会议。"

因此，混合模式背后的原理不仅仅是促进合作，而是考虑到一些员工的个人偏好，一些员工渴望人际互动，同时允许一些人尽可能避免人际互动。

在疫情期间，我们采访和合作过的一些组织都有以下的某项（甚至是全部）目标，包括：

- 混合工作方式是常态；
- 深刻理解并尊重个人极限和弹性工作的理念，以及个人对工作地点的偏好；
- 自信地使用技术；
- 时常质疑和反思；
- 减少人力负债——花时间建立真正的关怀；
- 在与员工密切合作后，制定新的保护和授权政策。

最后一条最不常见，却非常重要。当组织表现出真正的兴趣，以开放的心态观察，并提出正确的、投入的和开放式的问题，当他们最终发现自己在设计一个新的工作方案（注意：不是"远程工作

方案"）时，通常会明白，需要牢记的关键因素是，他们需要制定真正的保护措施。

对大多数工作场所来说，保护员工的福祉是一种非常新的立场。有大量争议围绕员工心理健康影响的问题展开，认为这很可能会成为下一场疫情，这才是我们该害怕的。如果没有这些争议，可能永远也不会出现这种新立场。然而，公司必须从过去工作的惩罚性和强制性措施转变到另一个时代——制定措施要出于真正的关心和尊重，这样做并非因为道德强制，而是经济考量。

这些措施改变的重点是，将以前规定参与的方式，转变为现在使人们主动参与的方式。他们发现，防止倦怠和缺乏参与感的最佳保护措施是诚实地投入到人际关系实践的工作中，开始讨论"远程"还是"灵活"，并通过重新定义对每个团队都有效的互动方式来讨论基于结果的工作。

希望在疫情后保持竞争力并顺利度过经济衰退期的组织往往允许团队有极大自主权，从要求团队定期进行"团队启动"和"团队重启"活动就能看出这一点，其中会包括围绕互动的团队协议实践练习。

> 开几次会？什么时候不应该开会，留出个人工作时间作为缓冲？我们之间如何沟通？哪些方式是强制性的？我们什么时候最有效率？我们需要做哪些类型的协作工作？我们是否在一开始就对会议的必要性持怀疑态度？我们都同意所使用的工具吗？它们有用吗？我们在互相帮助吗？我们对彼此有什么期待？我们应该避免什么？我们如何进行有效的冲突？我们何时以及如何进行团队建设？我们在蓬勃发展吗？我们能改变什么？还有什么是我们可以考量而没有考量的，做到就会成为更好的团队？

所有这些问题，以及更多的问题，通常只需要团队几个小时就能在线答完，因此，当他们测试完流程，更加了解最能使他们表现出色的工作风格时，可能会在几周后再次回答这些问题。然后，该组织只需找出协调这些气泡内工作方式之间的交互，以及需要与之交互的其他团队之间的交互点的最佳方法，就能确保双方在需要时进行协作。

有一个保护性规定的例子。2020 年，"一人远程则全员远程"的规则流行起来，意思是只要有一名团队成员远程办公，所有的会议就都将转为线上数字化形式。这取代了以前的做法，之前分散式团队的远程成员经常因为视频连线质量较差，处于被半遗忘状态，而会议室里的人才是真正在开会。另一个例子是来自西雅图的 uplevel 公司[1]。该公司在疫情开始时，通过将办公桌上的物品寄到员工家中，并邮寄一个包含绿植、拼图、零食和办公用品的关怀包裹，确保员工适应远程工作，随后又采取一系列措施来关注员工的工作节奏，进一步将对员工的福祉关怀落到纸面上，比如禁止在午休时间开会，确保每个人都有时间吃午餐，两场线上会议之间至少留出 10 分钟，把周五留出来让团队在线上玩游戏，并支付午餐外卖费用。

在疫情期间与我们合作的一些团队甚至在"主动"会议和"被动"或"倾听"会议之间建立了区分，并鼓励他们的团队说明下一次会议的类型。显然，大多数一对一的会议都属于第一类，但他们只是鼓励队友安排自己认为确实可以处理过来的会议，并且可以选择不接电话，也不必接受所有会议邀请。他们还让团队知道，可以使用任何渠道回答问题，比如通过短信或电子邮件而不一定是打电话。总的来说，就是允许他们想出任何对他们来说更容易和更可持

---

[1] uplevel 公司是一家美国工程效率解决方案提供商。——译者注

续的策略。

对于小组和团队级别的会议，允许成员根据需要尽可能多参与或少参与——其中的"需要"总是包括"对话中的话轮转换"，以确保听到每个人的声音——在他们参与时使用情商来尝试解读他们的反应，是非常有用的。

至关重要的是，取消"视频始终在线"的要求对一些公司来说意义重大。虽然一开始，在不能面对面的情况下，打开视频来让每个人都适应它的常规使用是有必要的；但现实是，对一些员工来说，这无疑是专横的要求，被迫开视频的怨恨可能对会议产生阻碍，破坏了原本拉近亲切感的目标。如果团队致力于理解个人的极限，提前与成员沟通，并在他们的互动方式中找到适应这些极限的方法，那么就可以自然而然地使用视频，这是创建亲密感和舒适感的结果，而不是由管理层要求、强制和监管的结果。

无论你什么时候读到这本书，无论你以何种方式工作，在哪里工作，工作多长时间，结果如何，培养团队重启的习惯永远都不晚。在这个习惯中，一切都再次悬而未决，有待重新检验。这样做可能是在这个混合式的、不断变化的 VUCA 工作现实中，你可以对人际关系实践进行的最佳投资之一。团队重启给了每个人重新连接、重新申明和重新打造共同创造感的空间，从而有助于提升心理安全的各个组成部分。

工作和团队的下一步行动是什么？

不可否认，在新冠疫情期间，我们学到了很多值得铭记的道理。比如，令人赞叹的社区同情心的表达，一些人的英雄行为，以及这将如何给我们的工作方式带来持久的变化，还有我们是否理解人类在工作中的价值。未来的赢家将是那些愿意并且能够不知疲倦地工作，以公开的关心和尊重来减少人力负债，同时质疑一切的人。对于他们所做的事，他们会询问"为什么"以及"怎么做"——并且反复询问。

微软是一家乐于接受远程工作挑战的科技巨头。对内，他们宣布员工可以尽可能地保持远程工作；对外，通过"团队"解决方案为市场提供支持软件是他们的既得利益所在。

微软 Azure 产品负责人山姆·古克尼海默（Sam Guckenheimer）说，他们正在进行 15 项关于未来工作的研究，在他们看来，过去的职场将永远不会回来；相反，在后疫情时代，"我们将有奋斗派（Strivers），他们会指责疫情，相比于结果更重视预测，想要恢复现状。而振兴派（Thrivers）会打起精神，相比于预测更重视学习，压力让他们变得更强大，他们会投资于核心，抛弃背景，拥抱敏捷运维，在远程和混合环境下工作，在混乱的边缘适应。"

一些想要抓住疫情中增长机遇的有头脑的公司认真思考，质疑一切，并尝试了一种文化重置的设计冲刺。全员必须保持紧密，团结一致，不懈地专注于自己的情商，不懈地试图破译同伴的情绪、需求和感受，然后强烈而明显地关注一个新的人类视角。他们在整个企业范围内绘制了一张画布，并通过各种协作工具让每个人都在线参与，重新设计他们所代表的内容以及他们希望看到的情况。以下是出现频率最高的话题：

● 尊重和体面——"重申我们都支持的基本人类价值观，它们让我们变得多元化和包容，以开放的心态看待彼此，看到自己的价值"。

● 定义和衡量真正的价值——"理解个人工作和团队工作的影响，对重要的结果量化，取代作为真正弹性工作基础的错误衡量标准"。

● 不再有命令和控制——"找到方法，帮助管理者快速成为真

正自主团队的仆人式领导——微观管理在今时今日不曾帮助任何人加速前进。我们需要依靠每一个成员，并使他们有能力成为最好的自己"。

● 探索信任，培养自豪感——"指出我们作为群体和个体的价值，提醒每个人为什么我们相信彼此，我们有多么了不起，并将这种自豪感作为'为什么'的一部分回答"。

● 摒弃出勤现象——"我们不会以出勤行为来监控工作或衡量任何人，而是以价值行为来衡量"。我们必须找到方法来奖励真正的情感投资，不鼓励只是到场却不真正参与的行为。

● "许可人本"——"我们的员工不相信我们允许他们在工作场所表现出有感情、有思想的真实的人类自我，我们的领导也没有带头表现出勇气、热情和开放——我们必须改变这两方面"。

● 解禁情绪——"让每个人都明白，我们现在把情商作为任何人都可以带到工作中的最重要的属性之一，并帮助他们提高情商，同时帮助团队领导者从认为他们的人际关系实践是一个事后的想法转变为意识到这是他们管理团队的主要工作"。

● 认真对待允许失败的问题——"我们需要把实验的基本原则从含蓄的认可提升到明确而理想的结果。我们必须开始将失败视为一种勇气和创新，然后才能要求大家创新。此外，如果我们围绕灵活性进行重组，当类似的事情再次发生时我们将更有韧性"。

● 开展诚实的新对话——"我们将用某种机制来关注动向，并随时提出问题，以此来取代没有人关心或认真对待的年度调查。我们需要表明，我们最重视完全开放和频繁的反馈，并且不该让反馈者担心后果"。

● 认真对待健康——"不仅是精神健康和组织健康（在这方面我们应该花更多的时间），还要重新关注他们自身的健康和个人成长——我们需要表明，公司真正关心他们，并决心让他们成为最好的自己"。

当然，最重要的是：

- 关注团队魔法——"我们必须痴迷于团队和他们的心理安全，从谨慎发言，到消除印象管理，再到密切关注心理安全的每一个组成部分，通过越来越多的高情商团队领导者以人为本的干预措施影响到那些被遗漏的部分"。

积极回应都是基于我们在各自职场上对情感的共同渴求。我们一直努力不去感受对同情心和人性的迫切需求。所以，说到心理安全的组成部分，我们都表现出了勇气和灵活性，这将磨炼韧性。我们都在大量学习，比过去几年学到的都要多，也都明白我们还需要做更多的事情。

我们都意识到需要有同理心，也允许有同理心——从以前的意识形态限制到"一桌子毛茸茸的小东西"，这是一个难以描述的转变——只要做个普通人就好。现在，如果我们能坚定地专注于说出自己的想法，专注于开放和深度交流，专注于幸福，如果我们能保持对团队的投入，保护工作气泡，那么就可以停止印象管理，缓解一些我们正在努力克服的恐惧，这样就有很大的机会成为高绩效的团队。

硅谷的公司宠儿和原生的数字化成功故事不会受此影响。这可能正是他们发挥文化竞争优势的时机，因为他们不依赖线下实体办公室，而是聚焦于怎样做才能达成目标，这种优势将使他们完全消灭竞争。

对我们来说，风险还是很高的。我们要不懈地专注于提高情商，持续努力抓住并阻止各个层面的印象管理。对团队的痴迷，将组织话术抛在脑后，专注于领导力 2.0、敏捷 / 运维开发一体化和面向每个人的人际关系实践和心理安全——只有这些工具，可以让我们通过创造善意、信任和被信任的文化来竞争，在像家庭一样的高绩效

团队中，以不断变化的新方式工作，让员工快乐。这是减少人力负债的唯一途径。我们必须以紧迫的态度减少这种负债。我想再强调一下，如果不这样做，后果将是灾难性的。

附录

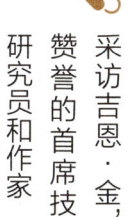

采访吉恩·金，备受赞誉的首席技术官、研究员和作家

你还记得第一次听到"心理安全"这个词是在什么时候吗？

是的，应该是 2013 年左右，在《凤凰项目》一书出版之后，我在运维一体化社区里第一次听到。当时关于易集（Etsy）公司执行的非指责性事后调查有很多的讨论，其实谷歌公司也有一个类似的术语，叫作"事后审查"（post-incident review），基本上与非指责性事后调查如出一辙，当时我受到了极大的启发。我的意思是，起初我以为"哦，这只是为了彼此关系更融洽"。

但就像艾米·埃德蒙森教授所证明的那样，其实我的说法完全不正确。但你们知道，我最初还是没有理解心理安全，直到我听了兰迪·舒普（Randy Shoup）的演讲。他曾经是易贝公司的首席架构师，也在 Stitch Fix 公司和 WeWork 公司担任过工程副总并曾在谷歌公司担任工程总监。他说："工程师最喜欢灾难性的事故——甚至是与他们自己有关的事故"，还有"最重要的是能创造环境，让大家能够真正分享自己的经历"。

兰迪·舒普介绍说，他们曾针对每一个客户影响事件都进行了非指责性事后调查，人们总是很期待这些调查结果的公布，因为每

当有重大事故发生时，阅读这些报告会令人很兴奋。在他作为谷歌应用程序引擎团队负责人时，实行这样的调查一周后，出现了非常奇怪的情况。他们再没有客户影响事件的调查可公布，于是他们又对团队影响事件进行了非指责性事后调查——就是那些不影响客户，但影响团队的事件。接着团队影响事件也没有了，接着他们又开始关注"未发生事件"。例如，在为了防止某个具体的团队影响事件发生而采取的七项安全措施中，有六项失败了：那么为此他们能做些什么呢？结果以这种方式创造了越来越安全的分享环境。

这个例子后来被写进了《运维一体化手册》(*The DevOps Handbook*)，但对我来说，这是我感受到心理安全强大力量的一个顿悟时刻。在没有心理安全的情况下，我们不可能去讨论差点出错的、可预见的事故。

为什么你认为印象管理作为阻碍人们畅所欲言的一系列的消极行为的概念没有得到更广泛的传播呢？

这是个好问题。当你第一次向我提起印象管理时，就立刻引起了我的注意。这是我在过去几年里听到的最令人惊喜的概念之一。之前我从来没听说过它。我之所以一下子喜欢上了这个概念，是因为它与我的个人经历产生了很大的共鸣。一想到在那些重大会议的前夜，高管们会做什么，我就认识到印象管理的行为表现：有多少人在为工作材料做实际准备，那么又有多少人在为第二天谁与谁的会谈而惴惴不安，或担心如何表现自己，等等。如果有人说印象管理是一个缺失的工具，我们却需要它建立明确联系，我不会感到惊讶。如果我对文献材料的理解是正确的，这件事已明确地表现了：缺少心理安全会发生什么，这些基于恐惧的行为就会显现。也许把它与团队的五种功能障碍紧密联系起来会很有意义，但我对印象管理会成为一个重要的工具持怀疑的态度。

谈到印象管理，你能想到哪些例子？

在一些环境中，你可以做一个真实的领导者，但在另一些环境中,即使没有人对你妄加评论,能做到这一点也十分困难。

因此,正如你可能在我的文章中读过的那样,我一直固执地认为必须停止谈论"企业"和"文化"这样的词语,因为很有可能我们正以一种呆板僵化和纸上谈兵的方式去讨论它们。你认为我们应该专注于加强团队活力,还是试图改变企业?

所以我自己相信的是——我是从史蒂夫·斯皮尔(Steve Spear)[1]那里学到的,在他看来这是非常私人的观点——"主导架构"和"结构与活力"。"结构"是你在组织中如何组织团队,谁被允许与谁交谈,以及团队之间相互联系又是什么。"活力"几乎完全是组织结构的功能。"活力"意味着谁得到反馈?有多快能得到?"活力"是被放大的微弱信号——比如当你处在一种安全的文化或一种不指责的创新文化,然后这个信号广泛传播,并被最高领导层所放大;然而,要是你在一种恐惧的文化中,这些信号就会被抑制或完全消失。这可以被视为一种非常"机械化"的世界观,但我发现它可以解释很多东西。如果问题是:"在组织结构图上任意调整团队是不是就更重要?",我们知道这一定是徒劳无功的,特别在技术领域,我们不了解团队之间是如何互动的。或者问题是:"团队内部的活力比团队之间的活力更重要吗?"我认为同时重视两者都非常重要,因为这可以体现我们如何能最大限度地沟通。在一个团队中,人们应该感到安全,能够有效地相互沟通,否则就无法实现自己的目标。但再次强调,团队也不能孤立地单独工作,所以我们必须思考什么才是有效的活力。是信任吗?是说话的方式吗?也许他们甚至根本不说话,也许在未来团队沟通将通过电子接口实现完全机械化,这就是答案。总之,有效沟通在团队内部至关重要。当你需要合作时,这也非常

---

[1] 史蒂夫·斯皮尔(Steve Spear)是麻省理工学院史隆管理学院高级讲师,作为研究人员和作家,他获得了麦肯锡奖和五项卓越运营奖。——译者注

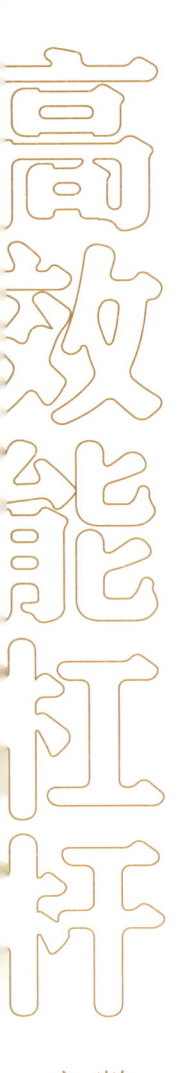

关键。

> 所以你的意思是，如果一家公司的定位是拥有团队之间的沟通节点的网状结构，而且每个团队都有健康的团队活力，那么这就是我们努力的方向，对吗？

是的。但在某些情况下，强调整体结构是错误的。我的意思是，假设全世界的人只有一部能同时接听的全球电话，为了所有人都得到关键信息，每个人都必须认真接听，那么如果他们在错误的时间打了个瞌睡，随之而来的就是可怕的混乱，那么你看，这就是错误的。成千上万人的团队？还有什么团队活力可谈呢？或者仅一个小任务就需要多个团队共同完成的，这也是一种结构，也是不对的。但是一切结构都一定依赖于活力，无论是内在的还是外在的。

哪些企业"人力负债标签"最少？

是的，你使用的词是"人力负债标签"——我非常惊喜，因为当我读到它时，马上产生了共鸣，感觉这里有一个缺口。有时有的人仅仅使用了一个词，就会让你立即想到"哦，是的，就是这么回事，对吗"我研究高绩效的科技公司已经有21年了。这些公司具有最好的业绩，运营方面也有极佳的稳定性和可靠性，还有最强的安全性和可塑性。回顾过去，运维开发一体化推广的运动让我看到，这些公司的成功其实就是把以下主要功能性领域完美地融合到一起，如生产、开发、质量保证、运维和安全。他们不但很好地进行了整合，而且还设计了最佳综合处理方案来满足企业成功最重要的要素——顾客。为了更好地量化说明，其实它也是关于"他们是否在偿还技术债务""他们是否根据顾客和企业需求，体现了在速度和质量方面的特点"的问题。如果这些公司并不是人力负债水平最低的公司，我一点也不会感到惊讶。

致谢

如果本书中提出的一些观点引起了你的共鸣，那你一定要继续读与本书相关的重要学者——埃米·埃德蒙森教授的其他著作。建议你阅读她的所有作品，并观看她的演讲。专门针对心理安全进行全面而必要的研究也非常关键。

当然，基恩·金的著作也是必读的，如果你持续关注他的研究，就很容易理解为什么在我眼中他是为数不多的思想深邃、善于钻研且真正了解敏捷的学者之一。

我真的非常幸运能在人非技术公司拥有这样一个优秀的团队。特别是团队中的首席技术官里卡德·奥特森（Rikard Ottosson），才华横溢又不失风趣，他的技术头脑一直以来都是我的坚强后盾。我们了不起的团队导师芬恩·琼斯（Ffion Jones），是我每天崇拜和学习的对象。而我们有幸召集到的其他优秀的人才加入我们的团队气泡，并共同开发了这款有可能让我们的生活变得更美好的软件，这也为我们的故事翻开了新的篇章。他们让我在消除人力负债的战斗中永远保持赤诚之心。